獻給仙蒂的母親雪莉，在她需要一本書籍陪她上路的要求下，這本書得以面世。

獻給講述故事的朋友、家人、夥伴，他們深知分享帶來醫治。

獻給臨終的人和他們的摯愛，他們的旅程帶給我們反思的空間。

靈修著作精選

二版

帶著愛上路

給生命最後一份禮物的40個默想

莎倫・達迪斯、仙蒂・羅傑斯 編著
黃東英 譯

基道出版社

▼

靈修著作精選

帶著愛上路

給生命最後一份禮物的 40 個默想

As I Journey On

Meditations for Those Facing Death

作者

莎倫・達迪斯 Sharon Dardis
仙蒂・羅傑斯 Cindy Rogers

譯者

黃東英

責任編輯

李慧儀

裝幀設計

莫可雅

■

出版／發行

基道出版社
香港沙田火炭坳背灣街 26 號富騰工業中心 10 樓 1011 室
LOGOS PUBLISHERS
Unit 1011, 10/F, Fo Tan Ind. Centre, 26 Au Pui Wan St., Shatin, Hong Kong
電話：(852) 2687-0331 傳真：(852) 2687-0281
網址：https://www.logos.com.hk

承印

陽光（彩美）印刷有限公司

●

1/2005 初版 1/2021 二版
Cat. No. LP616-2
ISBN-10: 962-457-275-5
ISBN-13: 978-962-457-275-9

刷次	10	9	8	7	6	5	4	3	2	1
年份	2030	2029	2028	2027	2026	2025	2024	2023	2022	2021

目錄

目錄

序言

我們在一位臨終母親的要求下構思了這本書，希望這本書能夠為正在面臨死亡的患者提供一個深層反思的空間。這位名叫雪莉的母親想要一本能夠跟她的處境相契合的書。在她看來，出生入死是從一個階段走向另一個階段的旅程。在對抗生理和心理上的折磨之時，她同時亦渴望跟別人交流，得到思想上的滋養。她想知道關於先行者的對話、啟發和故事。在這個把死亡看作是禁忌的世界裏，她要談論自己的死亡。

《帶著愛上路:給生命最後一份禮物的 40 個默想》旨在為臨終的你或親友提供這種交流的渠道。如果你跟雪莉一樣，正在尋找有關死亡及臨終的真人真事，以及一些見解和提示的話，這本書裏的一些思想可以在你的旅程中給你幫助。書中的各個篇章是獨立的，你可以每次只看一篇，細細咀嚼裏面的內容。它們給你帶來心靈上的慰藉，但同時也可能對你的固有觀念產生衝擊，因為背後的目的是幫助你更有意識地去過每一天，無論那是在生的日子，還是垂危的日子。

你如果自覺生命有限，或者覺得前路茫茫的話，請帶著這本書展開你前面的旅程。請做一個裝備充足的旅行者，並在旅程中常常翻開這本書，讓裏面的話語、故事和啟示做你的嚮導。你也可以像雪莉一樣，探索新的見解，為自己帶來希望。我們希望這些故事能為你的旅途帶來支持，鋪平你前面的道路，在你的旅程中與你契合。

1
毋忘我

她在喬治眼前展開的，不僅僅是事件的來龍去脈——一段段的情節把帶他進了故事的核心，那故事裝載了整個世界。

——厄休拉．赫治 (Ursula Hegi)

我母親雪莉並不擅於講故事，她一直都在踏踏實實地過日子：教學生，經營農場，照顧子女……就這樣過了六十九個年頭。當死亡向她這邊挨過來的時候，她需要的不是談心或是慰問，而是對往事的緬懷。她常要求家人和朋友重新喚起她的記憶，跟她一起重溫往日一段段並肩度過的時光。她希望回憶往昔的時刻，無論是苦的、甜的，還是恬淡的。單單回憶還不夠，她還要回想、回味、重整這些片段。她要把它們加以分析，確定自己在當中的位置。除此之外，她也許還希望那些講述往事的人，帶著細緻清晰的懸念來想著她、記住她。她不希望來訪者只記住她的病，哪怕只是一點點。她要他們記住那些往日的工作、嬉戲、困境、旅程、特別的時刻、重要的事件。她想記住那些往事，也想那些講述往事的人把她存放記憶中。

一些微不足道的往事，有時往往反而最堪回味。「雪莉，我永遠不會忘記你結婚那天，那個八月天，氣溫高得要命，教堂裏的每位來賓幾乎都被新漆的椅子黏住了。」「媽，你還記得我要離家出走那次嗎？你說，我可以走，但不能帶走任何衣服，因為每件衣服都是你一針一線親手縫的。你不讓我帶著衣服出走，真把我唬住了。結果走不成了。」「姥姥，你還記得那次我們一起環城騎車嗎？我那時候才六歲。你不斷回頭看我是不是跟在後面，是不是靠路邊騎，結果你突然撞到停在一旁的汽車！這下子，大家都知道誰才是真正的安全駕駛者了吧？」一段段往事為雪莉臨終的日子加添了色彩和意義。

有這麼一個古老的故事：從前，一位拉比走進森林，用特別的方法點起一堆火，做了一個特別的祈禱，祈望人民能脫離災難。後來，人民得救了。幾百年以後，另一位拉比走進森林，祈求神蹟降臨，人民得救。起火的詳細方法他不甚了了，他也說不出大部分的禱辭，不過希望自己所知的足以達到目的。結果，他的願望真的實現了。又過了幾百年，第三位拉比背負著人民的愁苦重擔，坐在家裏的椅子上。他既不知道森林在何方，也不知道怎樣起火、如何祈禱，但他知道整個故事的內容，而這已經足夠了。

故事往往是對現實的總結。有時候，我們靠著故事活下去……也靠著故事面對死亡。故事裏面蘊含著力量，可以拯救生命。它們裝載著典範、信息、溫暖人心的擁抱、幽默、深情、靈感、希望、真理。跟別人分享故事，可以讓我們一窺對方的生命，也看見自己生命的痕迹。

厄休拉．赫治在其著作《河中石》(*Stones From the River*) 中指出：一個故事可以帶出一個主題。一個故事可以「裝載整個世界。故事的關鍵在於從哪裏開始講起(未必按時間順序)，在哪裏作結，也在於突出哪些情節、刪剪哪些環節，強調哪些信息」。

雪莉在臨終的六個星期裏，不在乎往事的排放順序，只是渴求著往事本身。她不但追憶自己的故事，也打聽別人的故事，讓這些故事陪伴她度過當時局限在斗室裏的難關。她一直喜愛的書籍也滿足不了她，她需要前所未聞的故事。她擁抱、回味這些故事。我們希望當時可以有更多的故事告訴她。這本書裏的故事記載了她生命旅程中的點滴，也印載了別人的足迹，我們希望身為讀者的你可以在回顧自己往事的時候，讓這些故事的核心在你心中紮根成長。

請聽我的禱告

親愛的聖靈、主宰宇宙萬物之主：請讓我感受到故事的力量——那些我看過、聽過、經歷過的故事。打開我的雙眼、我的心窗，讓我感受到故事的力量，領悟到故事的啟發，辨識出故事中的真理。請展開我的記憶，使我抓住自己的故事，相信它們對我周圍的人會產生的力量。阿們。

默想時刻

我自己的哪一個故事最有意義或最使我難忘？為甚麼？

付諸實行

跟別人講述一個故事。

2
榜樣

教曉我怎樣訣別。抓緊我的雙手。
我有很多的疑問。很多事情我看不透。
教曉我怎樣訣別。請你傾囊相授。
你教懂了我如何訣別。我就教懂你生存之道。

——迪安娜．愛德華(Deanna Edwards)

父親生前常把雙手浸在蠟漿裏，舒緩十指關節的腫脹和痛楚。當時我才七歲，還以為這個治療關節炎的過程是一項藝術工作。蠟漿冷卻變硬時，父親叫我幫他褪下蠟層。有時候，他會小心翼翼地抽出雙手，留下一對蠟手套，讓我放進幼小而健康的十指。如今這個記憶給我心裏帶來安慰。我仍記得我們身處的那個廚房的氣味和暖意。我們把廚房弄得一團糟，但母親的笑容仍帶著寬恕。我拿著一隻蠟手套繞著桌子跳來跳去，引來父親的笑聲，雖然那個手套在幾分鐘前還套著他揮之不去的關節痛。

在我記憶中，沒有人告訴我父親將要離世，但事實卻的確如此——風濕性心臟病慢慢地侵蝕著他的身體。我隨著年月漸漸長大，他的病情隨著年月漸漸惡化。最後，在我十四歲那年，他離開了我們。我在很久以後才領會到，他在整個過程中的表現，以及面對頑疾的態度，給我上了非常重要的一課，塑造我成了今天這樣的一個人。就算在三十四年後的今天，當我不斷思索他的去世和他所留給我的禮物的意義時，仍深深體會到他的身教帶來的影響。

父親從沒接受過正統的教育或正式的治療，也沒看過有關在逆境中保持「尊嚴」或心存「感恩」的書籍，但卻把這些觀念親身演繹了出來。他臉上常掛著笑容。他很瘦，卻很腫，身上長了很多膿包，很虛弱。他會扮鬼臉令我發笑，有時候特意在我朋友面前脱下假牙，令我尷尬。他們都很喜歡他，覺得他很風趣。

父親愛好音樂，常常一邊彈著殘舊的結他，一邊放聲高歌，那些歌曲我愈聽愈喜歡。我很喜歡其中一首民謠，那是一九五四年錄製的《老房子》("This Old House")，後來被羅斯瑪麗 · 古隆尼 (Rosemary Clooney) 唱紅了。在父親去世後的很多年裏，我都會憑記憶唱起這首歌。有一次我向兒女唱起這首歌時，開始留意歌詞，然後才明白到，父親已藉著歌詞透露出，他知道自己的歸宿了。

　　已不需要這間房子

不再需要這間房子
沒有時間修牆板
沒有時間修地板
沒時間上潤滑劑
也沒空整窗玻璃
不再需要這間房子
我準備好了見先聖

父親從沒跟我談論過死亡，他只是憑歌寄意。他盼望著、堅持著，雖然身體愈來愈虛弱，但意志愈來愈堅強。他栽種了繽紛的花卉，闢建了綠油油的菜園，又在後院搭起了畜圈，養了兔子、鴿子和小雞。

父親在醫院去世的時候，我不在他身邊。母親說，他最後的遺言是：「我想回家。」他指的也許是羅斯瑪麗唱的那首歌裏的與先聖相聚，但我後來覺得他指的也是自己真正的家。因為他曾在那裏教導我們、養育我們，留下了他自己的印記。家雖然是他與疾病為伍的地方，但也是他自己和家人獲得意想不到的禮物的地方。他的關節痛留下了漂亮的蠟手套，他虛弱多病的身體留下了活盡每一天的機會。父親熱愛自己的家，所以我覺得他在最後一刻想回家並不出奇。我聽到他離世的消息時，就在家的後院，眼裏盡是他養植的花、菜和小動物，心裏盡是他教懂我的東西。我從病危的父親那裏學到，我們都有離世的一天，有的人走得早一些，有的人心存的感恩多一些，或者少一些。最重要的是，在離世之前的日子裏，我們要彼此教導，在從對方身上學到的東西裏得到安慰。我有時候會在自己的回憶裏，再次戴上父親的蠟手套，重溫在他身上學到的東西，並且感謝他，這已經足以令我安慰。我覺得，我們彼此教懂了對方不少東西。

請聽我的禱告

親愛的上帝，請提醒我應如何給別人樹立榜樣，無論我活著還是頻臨死亡。請在痛苦和愛的經歷中賜智慧給我。請賜機會給我，好讓我教懂別人怎樣從容地放手離去。請在我困惑時賜我平安，在我前進時賜我力量。

默想時刻

我在人生旅途中，正在學習甚麼？

付諸實行

握著至愛的人的手，分享一下我們已經給對方上的一堂人生課。

3
傷痕

我們最寶貴的朋友往往不是那些提供建議、方法、療法的人，而是選擇分擔我們的痛苦、用溫暖的手輕撫我們傷口的朋友。

——盧雲 (Henri Nouwen)

「給我看一眼你的傷疤，可以嗎？」琳達的摯友露絲一邊在琳達的起居室裏忙碌著，一邊問道，好像把療程看成是家常事。雖然手術做完已經有幾個星期了，但琳達仍不能把它視為家常事。從十九年前誕下最後一名子女到現在，這次是她惟一一次進醫院。露絲的要求令她吃驚，甚至有些震撼。她是一個很重視私隱的人，不太習慣面對醫院裏的醫護人員，以及沒有預約到病房探望她的人。現在，竟然有位朋友想看她腹部的手術刀痕——那條連她自己都不願意看的刀痕。這個傷疤實在太陌生了。其實，癌症這個病對她來說也太陌生了。琳達凝視著這位她信賴多年的朋友。好吧，也許她們倆個可以一起看看。也許她們可以平心靜氣地談談這個傷疤，談談它背後的東西。也許那傷疤所佔據的地盤在赤裸裸地敞開以後，勢力範圍會縮小一些。

我們在掙扎求存時所產生的疤痕，無論是內在的、緊貼心臟的，還是外在的、躺在腹上的，都不容易外露出來——尤其是在難以預料後果的情況下。於是我們情願把它隱藏起來，裝作若無其事，甚至蠻不錯的樣子。我們不願以弱示人。健康、朝氣勃勃、未來在握的形像對於我們非常重要。

這是甚麼原因呢？為甚麼我們花那麼多精力隱藏我們的傷口、裝作一切「正常」，即使內在的世界已經天翻地覆了呢？幾十年以來，醫學界都把重病、垂危，甚至衰老看作是醫術的失敗，而不當成是自然規律。傳媒在廣告中滲透著青春無敵的觀念。在我們的社會裏，健康代表成功，病患則意味著失敗。

一位女士在日記中寫道：「以前，能從椅子上站起來是件令我感恩的事。現在，我舉步艱難，相信沒人願意看著我痛苦掙扎的樣子，更不用說看著我用助行器走路了。」一名青年向醫生說出了自己的恐懼：「我不能接受自己的軟弱。我很憤怒，但又不知道該怎麼辦。每件小事都使我流淚。我控制不了自己的情緒，一想到身體上的問題就怕得要命。」

在醫院或護理院裏，我們不用強作健康。在這裏，別人知道我們患病，並且患的是重病。事實上，對自己的內情**避而不談**比開誠布公要費上更大的力氣。在談與不談之間，是內心的掙扎。一位父親只知道跟病重的女兒聊她的花、外面的天氣、她的朋友、她的收音機……然後跑到走廊裏獨自流淚。後來在一位熱心醫生的幫助下，他們一起談論她的傷疤、她的病情。父女倆最後一段共同度過的日子因此而充實起來了。

雖然露出疤痕並把它背後所牽動的情緒釋放出來，對內心的衝擊會很大，然而只要願意這樣做，就可以妥善處理這些情緒。面對生命中的重大轉變，最好的方法就是投入進去，跟它共同進退。這樣一來，因著我們談論問題的勇氣，別人也許亦會出乎意料地揭示他們的傷疤。於是，我們悟出一個道理：疤痕不是弱者的代號，卻是勇者的標誌。

回到琳達的故事。她向摯友展示了腹部的疤痕。露絲用手輕撫那疤痕，跟琳達一起談論疤痕的細節、手術的情況，最後談到那癌症。她們又談論了琳達的恐懼和憂慮。琳達對自己能邁出這一步而感到慶幸：「我後來覺得好多了，也更輕省、更踏實，甚至更有希望了。從此以後，身負傷疤的感覺沒有那麼恐怖了。」

請聽我的禱告

我覺得自己像破損了的貨物。親愛的上帝，如果用神蹟醫治並不是祢旨意的話，請差派地上的天使幫助我，一些不怕緊握我的手、觸摸我傷痕的人，一些願意在我無奈、驚恐、軟弱、痛苦的時候接受我、願意看清藏在傷痕下的真我的人。我整個人遠遠不僅是一具軟弱的軀殼。

默想時刻

我是否隱藏了一些傷痕？我可以露出其中一個給人看嗎？

付諸實行

如果有人坐在我身邊，願意隨時聆聽我的分享的話，我要感恩。

4

活盡每一天

生命對我來説並不是轉瞬即逝的燭光，而是明亮的火炬，我此刻要把它高舉起來。我要把它燒得耀眼燦爛，然後才把它傳給下一代。

——蕭伯納 (George Bernard Shaw)

湯姆是住在北達科他州西部的中年牛仔，外表粗獷，額頭垂下幾縷灰白的頭髮，臉上的幾道疤痕給他添上十足的個性，一頂斜戴的牛仔帽微微遮著他黝黑的臉龐，帽沿下炯炯有神的雙眼，在宣告他是個不折不扣的愛爾蘭人，並且，他以此為傲。他穿的那雙牛仔靴，能把他雙腳牢牢地固定在馬鞍兩側的馬鐙上。他常常開著一輛破舊的小貨車去餵牛，或者接妻子去吃晚飯，或者參加每週的彌撒。他稱得上是男子漢中的男子漢：充滿活力，多年來的體力勞動使他孔武有力。他喜歡跟別人説，自己從沒得過重病，並且為自己的辛勤勞動和多姿多采的生活而自豪：他在只有一間課室的學校裏做過教員，也做過牧場工人、農夫，以及郡長。

湯姆最近剛由從事了三十年的執法崗位上退了下來，就發現自己患了腎癌。他一年之後離世，享年六十歲。他臨終那年的生命片段仍然活生生地印在親友的腦海裏，其中疾病的攻擊和他抗病的勇氣只佔了一小部分，最生動的反而是他的鬥志和他拒絕向病魔妥協、不顧一切地活盡每一天的決心。也許有人會認為這是不面對現實。雖然以他默訥的牛仔性格，他從來沒有直接提過這個病，但是在他生命的最後一年裏，這個活盡每一天的固執信念從沒離開過他。有時候，這念頭令他的妻子很氣惱，朋友亦為此而困惑，但他就是不承認自己離死不遠。他反而重新定下目標，準備好再打一場漂亮的仗，希望在最後的日子裏活盡每一天。

湯姆在得知自己患了絕症、要接受治療的那一天，決定終止退休生活，參加競選第三任郡長。他的家人認為這個決定很不智：「為甚麼不給自己留點兒精力？你能跟選民説甚麼？那要花多少力氣啊？」他一臉的堅定，毫無協商的餘地。他們只好訂購了參選用的宣傳單張，上面印著他去年的照片，並記錄了他歷年來在執法崗位上的良好表現。他們舉起湯姆「燒得耀眼燦爛的火炬」，並投入了自己的熱誠，即使事實上對他的病情並不樂觀。湯姆要求，除了家人以外，不可以向任何人透露他的病情。他自己堅信，一定會打贏這場仗。親友都欽佩湯姆的鬥志，但他們面面相覷的神情暗示了他們的疑慮：他在重病下到底能堅持多久？不過，湯姆愈是投入，就愈感到自己的活力，此刻，他那「明亮的火炬」燒得耀眼燦爛。

十一月，湯姆贏了選舉，當上郡長。那是苦樂參半的勝利，因為在當選的那天，他的身體顯然已經喪失了工作能力。郡裏的居民全都知道他正在病危之中。但是，他們仍投了他一票，表示支持，表示明白他不放棄的決心，也表示敬服和尊重他的決定。

湯姆當時已經可以離去了。不過，他還有不少重要的日子要跟家人一起過：感恩節、聖誕節，以及最後一個結婚紀念日。他躺在起居室的窗旁，接見前來表示敬意的訪客。他們往往一言不發，湯姆費力地微笑或點頭。訪客拘謹地坐在他旁邊的椅子上，手裏拿著帽子不停地轉，或者搓弄著手提包。湯姆要花很多氣力、很困難才能說出「再見」。不過，他仍在竭力地打仗，也在贏取勝利，因為他選擇了這麼做。

十二月二十八日，湯姆三十九週年結婚紀念日之後那天，他的子女、孫子和妻子都守在他身邊。湯姆正在邁向死亡。他似乎知道這個事實，但仍不願親口說出來。他仍不願接受死亡，仍渴望在最後幾小時裏作戰到底，這是他的選擇。他仍在作一家之主。他費力地跟兒子們和他們的家人說：「你們該回家了。」他們也就照著做了。

第二天早上，湯姆離世了，當時妻子陪在他的身邊。第三任郡長的工作本應在那個星期展開。雖然他從未履行這最後的職務，但大家都記得這位贏了選舉的郡長，他雖然失去了生命，但從沒失去活盡生命的魄力。

請聽我的禱告

親愛的上帝，請幫助我活盡生命，幫助我把生命的火炬燒得耀眼燦爛，就算生命已經到了盡頭。阿們。

默想時刻

我該做些甚麼來活盡今天的生命？

付諸實行

為做了一件幫我燃起生命之火的事情而歡呼。

5
個性

我們生命的個性在我們面對死亡時盡露無遺。生和死是同一個過程裏的兩部分。

——斯坦利．凱勒曼 (Stanley Keleman)

珍妮特在生時的主要工作是做全職母親，但她也忘不了在二十世紀霍士電影公司的分公司擔任祕書的那段日子。當時興寬邊黑帽和面紗，珍妮特也會戴起來趕時髦。珍妮特雖沒有受過大學教育，但很聰明，當女兒炫耀自己的學位時，她定必加以反駁。她模仿著女兒的動作，指著左臂彎說：「如果那叫做右角，那麼這個肯定是左角了。」(譯按：right angle原為直角的意思，珍妮特為了反駁，而取其諧音硬將之說成右〔right〕角〔angle〕。)

珍妮特在五十八歲時，證實患上末期癌症。雖然病情並不樂觀，她仍接受了放射治療和化學治療，因為她下定決心參加外甥女貝特西在六月二十一日舉行的婚禮。這個婚禮是她人生最後一個目標，她一家人將在婚禮上來個大團聚。在六月的第一個星期，珍妮特在母親和女兒的陪同下，坐著輪椅去購置觀禮服裝。她買下一生中最貴的裙子和鞋，令女兒愕然。她調皮而堅定地說：「我進棺材的時候也可以穿著它們。」

到了六月二十一日，珍妮特的兩個腎臟已經衰竭，她的雙腳浮腫，沒法穿上漂亮的新鞋。不過，她仍把新裙子穿在只剩下八十二磅的軀幹上，頭上戴了頂悦目的帽子，前往參加外甥女的婚禮。她興奮不已，看著六歲的外孫捧著結婚戒指踏在紅地毯上，她很自豪。在宴會上，她的眼光掃遍宴會廳的每個角落，環視在場的親戚。

到了晚上，珍妮特變得靜默、深沉。她以期待的眼光掃過姨媽、姐妹、外甥女，心想：「沒有一個人走過來跟我聊，難道他們不知道我行動不便？也許，他們有些怕，不知道該跟我說些甚麼。」她費力地站起來，蹣跚地走向親戚們。她跟不知所措、瞠目結舌的表弟喬治說：「不如跳個舞吧。」於是，他們一同起舞。為了讓大家更自然地深入談論身體的病痛，珍妮特又問姐姐：「埃瑪，你的膝疼最近好點了嗎？」

珍妮特本來可以選擇發脾氣或縮在自卑的角落裏，她完全有權這麼做。當天在場的所有人當中，她的表現最勇敢。外甥女的婚禮對於珍妮特來說，並不只是一件大事那麼簡單，那是她人生的最後一件大事。她用智慧去掌握當時的處境，用勇氣去示範給家人看，如何在垂危之際，仍保持尊嚴、風範，甚至是幽默、瀟灑——這都是她用盡僅餘的體力所留給身邊人的禮物。五天以後，她離開了人間。

我們當中有很少人知道如何面對死亡，更不用提如何在這方面做個楷模了。沒人能預料到自己臨死的日子會是怎麼樣的，但就肯定知道，面對死亡的方式不會只有一種，而是有很多種。既然活的方式因人而異，死的方式也是因人而異。瓊．康納 (Joan Conner) 在《地動山搖之後》(*Loss of the Ground Note*) 一書中寫道：「應付死亡並沒有準則可循，你得一面走，一面自己摸索。」珍妮特把自己打扮起來，又為外孫鼓掌，並走到親戚身邊教懂他們怎樣跟她溝通。她跟他們跳舞、向他們提問，很快地使大家一起交談、歡笑，並且享受跟她在一起的時刻。到了晚宴結束、彼此道別的時候，他們的生命已增添了更深遠的意義。

約翰．圖利．卡莫迪 (John Tully Carmody) 的目標是在彌留的日子裏完成他的著作，這些日子大多是在醫院裏度過的。書中講到他在醫院走廊裏遇到了一位病人，看到了她的勇氣：「我看見一位剛接受完治療的女士……挺起胸膛，對女兒微笑……她除了憂愁以外，還擁有更多的東西。」我們每個人都是這樣：我們希望自己除了煩惱、不幸、病痛以外，還擁有更多的東西。我們常常需要超越現狀，用我們的機智與魅力、從容與智慧、力量與勇氣來震撼身邊的人，以致等我們離開以後，他們能有更多的力量支撐下去。

請聽我的禱告

親愛的上帝，我希望自己除了憂愁以外，還擁有更多的東西。但是，我對自己的能力沒有信心。有時候我力不從心。請賜給我動力，使我超越疾病、虛弱的身體、痛苦，令我就算在微小的地方也能示範出如何在死亡面前勇敢地活下去。阿們。

默想時刻

我應如何告訴別人我面對死亡的感受，來幫助身邊的人明白我的歷程、更自然地跟我溝通呢？

付諸實行

訂下一個小的、中的或者大的目標。

6 最後的願望

如果一個人面臨死亡的事要升格為「社交活動」的話，那麼請允許我悄悄地離開，不打擾在場的人。

——韓馬紹 (Dag Hammarskjöld)

有人可能同意韓馬紹的説法，認為在現今的社會裏，人們過於把一個人的去世弄成是「社交事件」。也許有人情願悄然而逝，不願向人訴説自己面臨死亡時的想法和感受。不過，愈來愈多人呼籲絕症患者跟護理人員增進溝通。當然，如果主角正是我們自己或是我們心愛的人的話，跟人講病、講死又談何容易！有時患者會拒絕或無法完全接受、承認自己正面對死亡這一事實，因而不能正面地去談論。患者面對自己的絕症時，跟人分享自己最後的願望、談論自己的憂慮真的很重要嗎？這樣做可能會很痛苦、很艱難，真的值得嗎？患者真的能夠一方面表達自己最後的願望，一方面又不會「打擾在場的人」而悄然離去嗎？

最近，加拿大的專家向身患絕症的病人進行了一項調查，目的是找出提高善終護理素質的方法。他們向各類病人提出的主要問題是，他們面對死亡時，心目中最重要的事情是甚麼。在列出的答案中，按數量排在第一位的，是「避免不必要的生命延長」。很多病人怕在生存無望的情況下，靠著機器過毫無生命素質可言的生活。排在第二位的，是希望能對照料和治療的過程擁有主動權。他們未必想全權控制每個細節，但起碼希望他們在臨終前的一些要求獲得理解、尊重、遵行。第三，他們害怕變成親友的負擔，認為如果要避免成為負擔，就應該在還有能力的時候，跟親友分享自己的願望。這樣一來，他們可以趁著仍能夠參與的時候，跟親友一起作出難作的決定。第四，他們希望家人跟他們談論死亡。他們雖然承認這是個難題，但覺得坦誠是最重要的態度。最後，他們希望對病痛和症狀有足夠的控制。其實，這些「最後的願望」是可以透過有效的溝通來表白的。患者是可以趁著還有時間的時候，跟願意聆聽的家人和醫護人員訴說自己的顧慮的，這樣，就可以在自己最後的日子裏擁有主動權。

阿諾德・貝瑟 (Arnold R. Beisser) 在二十五歲那年，患上了小兒痳痺。那是一九五〇年，他是見習醫生，本來預備駐院實習。在患病之前，他被召加入海軍後備隊，只好擱置了實習計劃。在候命的日子裏，他利用空閒時間打網球，並在國家級網球賽中獲獎。當時，他年輕而充滿活力。但是突然之間，他遭到小兒痲痺的襲擊，頸部以下的身體全部癱瘓，要靠人工呼吸器維持生命。四十年後，他坐在輪椅上，雖然身體沒有太明顯的康復，卻已成為一名精神科醫生，活出了精彩的生命。他寫了一本書，名為《沒有翅膀的飛翔》(*Flying Without Wings*)，描寫自己的傷殘。這本書的續篇《恩典之旅：關於生與死的自由》(*A Graceful Passage: Notes on the Freedom to Live or Die*)，探討了死亡。他寫續篇的目的是作出「對生命本身、對生命中各種奇迹的禮讚」，而「只不過其中一個禮讚的對象剛巧是死亡而已」。

一九九○年四月，貝瑟醫生年屆六十四歲，在《洛杉磯時報》(*Los Angeles Times*)中一篇介紹最新著作的文章中分享他最後的願望。他跟別人一樣，也害怕成為親友的負擔。他已經簽妥了一份遺囑，提出不要用儀器來維持生命，並在可能的情況下，可以在家中安息。他並不害怕死亡本身，但害怕「步向死亡的過程」。他跟我們一樣，也希望所遭受的痛苦可以減到最低，並且不會用盡家人的財力物力。他減輕自己的恐懼感的方法，是跟妻子分享他的願望。他說：「我們需要打開有安慰作用的對話，談論死亡。」在這篇文章的結尾，他也談及派對，就像韓馬紹一九六四年的著作中所談的一樣。貝瑟寫道：「我希望這個旅程是一項慶祝活動，我至愛的親友也來參與。我們將坐在一起，也許會舉杯慶祝。我希望我們會緬懷過去，開懷大笑，痛哭流淚。如果過程順利，我們的笑聲和淚水將交織在一起。在最後一位賓客離開後，我將閉上雙眼，默然逝去。」

請聽我的禱告

親愛的上帝，我在臨終前也有些願望。請賜勇氣給我自己和我至愛的親友，讓我們可以「打開有安慰作用的對話，談論死亡」。請讓我記住，死亡只是生命的另一部分；請給我時間，讓我透過與親友談話來作出適當的決定，使我不失尊嚴和平安。阿們。

默想時刻

我有哪些「最後的願望」?

付諸實行

跟親密的人分享我的願望。我會說：「我今天已經準備好說出最後的願望。你可以坐下來聽我說嗎？」

7
恐懼

我主我神，請把我們從對未來的恐懼中拯救出來，請賜恩典給我們，使我們能夠享受刻下所擁有的，並為自己可以達到的目標而努力不懈。

——彼得．馬歇爾(Peter Marshall)

已故的沃爾特．佩頓(Walter Payton)曾是橄欖球隊「芝加哥熊」隊的中衞，體重有二百零二磅。他以矯健的身手和隨和的性情在橄欖球史上留下了光輝的一頁。他在大家眼中是所向披靡的，是每個球迷心目中的英雄。然而，在他退休十三年後，報紙刊登了他罹患末期肝癌的消息。他說：「唉，我怕得要命。但又能怎麼辦？我的命不在我手裏，在上帝手裏，在醫生手裏。」說完，他哭了起來。

我們在面對死亡的時候，最害怕甚麼？夏洛蒂．愛普斯坦(Charlotte Epstein)在著作《臨終病人的護理》(*Nursing the Dying Patient*)中列出她調查所得的「關於死亡及臨終的各種懼怕」，裏面共有十五項病人害怕的事情，其中包括：害怕生命就此一去不返，死亡滅絕一切；害怕離開依賴自己的人，令他們傷心；害怕沒有足夠的時間尋求諒解；害怕身不由己，在死的一刻遭受痛苦；害怕要依賴別人；害怕孤獨而終⋯⋯

寧養服務中心的病人弗蘭克個子高瘦，樣子像位慈祥的祖父，他聲線柔和，很少大聲説話。他跟寧養中心的護士建立了不錯的關係，常常在他們來量血壓或檢查用藥情況時，輕聲說一些笑話。每當護士問他有甚麼憂慮或恐懼時，他就會講個笑話或故事，把話題岔開，似乎想藉此把注意力從他身上或死亡的話題上轉移走。

有一天，弗蘭克的護士發現他焦躁不安、神智混亂，在牀上翻來覆去、大聲叫嚷。她柔聲問他需要甚麼，是不是有哪處覺得痛。他沒有回答，繼續掙扎著。另一名護士說他已經吃了止痛藥，可能只是有些慌亂。護士搬椅子到靠近他牀頭的地方坐下，開始輕聲誦讀詩篇二十三篇。「耶和華是我的牧者，我必不缺乏。」弗蘭克的雙臂和雙腿攪動著牀單。「他使我躺臥在青草地上，領我在可安歇的水邊。」弗蘭克的雙眼緊閉，雙唇拉成一條蒼白的細線。「我雖行過死蔭的幽谷⋯⋯」弗蘭克突然停止了掙扎。他躺在牀上一動不動，睜開雙眼，直視著護士。他微微抬起頭，大叫道：「也不怕遭害。」然後他迅即把頭枕回枕頭上，安靜下來。他的呼吸變得均勻，脈搏跳動回復正常。坐在牀邊的護士驚歎不已。

弗蘭克的煩躁舉動是否在表達他的恐懼？在場的護士可能會認為是。幾個小時以後，他安靜地離世，有家人陪在牀邊。他們聽見了弗蘭克對詩篇二十三篇的反應，便一起柔聲反復誦讀這首詩。

雖然沃爾特．佩頓害怕得要命，但聽說他在臨終前的日子裏，決心採取積極的態度。他說：「我現在盡可能保持身體健康，用盡一切可以用的方法。我總不能愁眉苦臉地閒在那裏……然後指望一切安好。我仍然在不斷前進、不斷努力。」

你在面對死亡的時候，能像沃爾特．佩頓那樣不斷前進、不斷努力嗎？你有甚麼方法超越那種因前途未卜而產生的恐懼呢？你能像弗蘭克那樣專注眼前、聆聽解愁的話語嗎？你有甚麼方法活在當下、表達出恐懼而又不被恐懼吞噬呢？你能像沃爾特．佩頓那樣放聲哭出來，然後帶著勇氣、帶著神掌管萬物的信念奮鬥到底嗎？

請聽我的禱告

親愛的上帝，祢是恐懼之人的安慰者，請賜勇氣給我面對每一天。請容我坦誠說出心中隱藏的恐懼。請讓周圍的人有能力幫我減輕恐懼，把平安帶給我。阿們。

默想時刻

我可以怎樣超越恐懼？如果跟親近的人分享我的恐懼，會不會舒服一些？

付諸實行

跟別人講述自己最害怕面對的一件事，並請他幫助你克服這種恐懼。

8 自主權

我們怎樣面對死亡反映出我們怎樣面對生命。

——米爾頓・洛瑪斯克 (Milton Lomask)

幾年前，在美國廣播有限公司 (ABC) 的泰德・克佩爾 (Ted Koppel) 主持的電視節目上，嘉賓莫里・施沃茲 (Morrie Schwartz) 講述他罹患的肌肉萎縮性脊髓側索硬化症。這是一種殘酷的慢性神經系統疾病，病人逐漸失去行動、進食，以至最後呼吸的能力。莫里身為一位廣受學生愛戴的大學教授，不會輕易放過從這次深刻的人生經歷中反省、思考的機會。克佩爾從《波士頓環球報》(*Boston Globe*) 上得知莫里的事迹，認為觀眾也許會從別人坦述死亡及病危的經歷中得到啟發，於是約他做訪問。

他們談論了很多東西，其中談到莫里對別人的依賴愈來愈多，不論是進食、坐下，還是行動。克佩爾問：「你最怕發生的事情是甚麼？」莫里沉默了幾秒鐘，然後問是否可以在電視上說出答案。克佩爾說可以。莫里直視著克佩爾說：「嗯，過不了多久，我就連擦屁股也要請人代勞。」

失去對自己身體的主權令人恐懼莫名，無論這些失控的情況是指嚴重的意外、慢性病，還是指臨終。無奈的感覺，加上連達到最基本的需要都得依賴別人的幫助，會使我們的自尊和自我價值降低，使我們的內疚增加。由於我們自從學會走路開始，就踏上了獨立自主之路，因此失去自主權令人沮喪，尤其在毫無回旋餘地，我們不得不依賴別人過日子的景況裏。

親友們也不願意面對這種「身不由己」的刑罰。事實上，他們總是淡化它，或者甚至是視而不見，好像身體的退化並不是實實在在地發生在我們身上，這使我們經常覺得孤獨、覺得遭人遺棄。

我們一定要想方設法緊握或者奪回一些自主權，例如，掌握我們的病情、療程和養病的環境。我們可能要求離開醫院，回家養病；或者選擇接受更多或更少的治療。我們可以要求控制止痛的藥療和打針吃藥的次數。奪回一些自主權的方法，可能還包括打出「**謝絕探訪**」的告示牌，或者是歡迎學生來訪，就像莫里所選擇的那樣；或許也包括跟醫生或親友坦述所需要的額外幫助。如果抑鬱和焦慮引起的痛苦比身體的痛楚還厲害，則需要安排心理或靈性上的關顧。跟專家交談也可以幫助我們恢復自己作決定的信心。

莫里最終面對並接受了他最害怕發生的事情。那麼結果如何呢？在米切．阿爾博姆（Mitch Albom）所著的《相約星期二》（*Tuesdays with Morrie*）一書中，莫里告訴大家：「我是一個很獨立的人，所以總是對依賴很抗拒——無論是別人把我從車裏扶出來，或者是幫我穿衣服的時候。我有點覺得羞恥，因為我們的社會文化告訴我們，我們如果不能自己擦屁股，就應該感到羞恥。不過，我後來想，管它社會文化說甚麼！我才不要覺得羞恥。有甚麼大不了的？那麼，結果怎樣呢？最奇怪的事情然發生了：我開始享受依賴別人。我現在樂於被別人翻轉身子，在我屁股上塗藥膏，以免生瘡。當他們擦拭我的額頭或按摩我的雙腿時，我樂在其中。我閉上雙眼，沉浸在幸福裏。」莫里接著說道，那經歷就像回到嬰孩的階段。我們每個人心裏都有一個這樣的嬰孩，關鍵在於我們能否回憶起那種初始的享受過程。他認為，我們在某種程度上都渴望回到那段充滿無條件的愛、無條件的關懷的日子裏。事實上，我們很多人都未能在那個初始的過程裏享受個夠。所以，莫里最後在絕望的景況中佔了上風，其中的方法並不在於憎惡或者強忍困境，而在於沉浸在關愛之中。

請聽我的禱告

親愛的上帝，請容許我坦白承認，失去自主權令我恐懼不已，我很想能再把它奪回來。請安撫我的心，讓我知道，奪回更多的自主權，目的不僅僅在於獲得更多的自立、更少的痛楚、對餘下日子的更多的掌握，請提醒我，這些只是基本需要，我需要它們的最主要目的，是為了每天活得更豐盛。阿們。

默想時刻

我可以怎樣維持自我價值不受損呢？

付諸實行

提出一個要求，使自己可以重掌一些對生命的自主權。

9

孤獨

我說：「我覺得自己正受著孤獨感的煎熬。」
片桐禪師說：「只要專注地做某件事，就會有孤獨感。」
我問：「你覺得孤獨嗎？」
片桐禪師回答道：「當然覺得，但我不會讓它折磨我，它只是一種孤獨的感覺而已。」

——納塔莉．戈德伯格 (Natalie Goldberg)

維克托獨自住在醫院腫瘤科的樓層內。其實，並不能說是獨自一人。這層樓裏有很多醫護人員來來往往，而護士崗周圍的病房裏也有很多病人和來探病的人。維克托還有一位房友，他很友善，這是頭一次住院。但是，在身體的痛楚中，在心煩意亂之中，他覺得自己在整層樓裏只是獨自一人，沒有任何人來探望他，既沒有家人，也沒有朋友。當然，院牧會不時來探望他，社工也會過來一下，問問他那堆積如山的帳單如何處理。上星期，他請護士致電給他的律師。他很期待律師的來訪，雖然他的身體在那天痛得特別厲害。今天，孤獨的感覺讓他受不了。以前，這不算是大問題，因為他一直是個害羞而內向的人。不過，現在的情況則不同，看來他是永遠不可能離開病牀了。他不只一次地想，如果以前結了婚就好了，或者，如果有家人來陪陪就好了。他聽見隔壁病房傳來笑聲，也聽見房內的布簾那邊房友在跟妻子低聲細語。維克托閉上眼睛，只希望這一切很快就會完結。

在離維克托不遠的另一個病房裏，二十九歲的病人艾美有很多來訪者。艾美是個活躍分子，從自己工作的公司，到教會，到最近加入的興趣班，她都能跟裏面的人結交朋友。她的同事和同學常來看她，她父母和兩名兄弟也是常客。病房裏充滿了輕鬆而振奮的氣氛，促使她每天都展露笑容，穿戴整齊，好好地養病。艾美儘量保持著這種樂觀情緒。但是，到了夜闌人靜時，她開始情緒低落，開始覺得害怕。她的內心被莫名的孤獨感所佔據。從來沒有人跟她認真地談論過她的病情。即使她住在腫瘤科的病房裏，即使她承受著手術後的痛楚，即使她每時每刻都在想著所患的子宮癌，但身邊沒有一個人敢碰這些話題。他們沒人肯面對可怕的病情，這無異於對她背負的重擔視而不見。

無論我們身處於維克托還是艾美的景況，都要費很大的力氣跟孤獨搏鬥。面對死亡，我們只能親身上陣。不過，研究臨終這個範疇的專家指出，人們可以藉一些因素相對平靜地面對生命的終結，例如，一段密切的關係，一種開放的氣氛，一些給生命賦予意義的信仰觀念等等。跟另一人建立一段密切而令人滿足的關係是可以有效地遏制那種強烈的孤獨、遭人遺棄的感覺的。不過，如果既沒有家人又沒有朋友可以信賴的話，可以怎麼辦呢？

護理人員(例如醫生、護士或駐院職員)、靈性領袖，或者甚至是素不相識的義工，都可以是密切關係的對象。他們沒有像父母、家人或朋友所附帶的包袱。祕密、舊傷疤、期望、內疚、擔憂、失望等等，都不會跟著醫生或院牧這樣的陌生人而來。我們應該尋求幫助，從醫院內或在醫院外找一位支持者或安慰者。

如果在真的需要別人的時候又恰巧沒有人在身邊的話，可以思想詩篇，把重擔交給上帝，無論祂在我們心目中的形像是甚麼。跟上帝(可能在我們心目中以光、宇宙或天使的形像出現)傾訴，可以幫助我們卸下恐懼和憂慮的重擔。如果我們的頭腦和雙手還有能力的話，可以用紙筆卸下思緒，驅散漫長的日夜帶來的孤獨。只需打開第一句話，就可以開始擊退孤獨。

請聽我的禱告

全能的醫治者，主啊：請憐憫我，與我同行，聽我傾訴。請祢親自或者透過我身邊的人聆聽我的話，安撫我的心。請祢把這位身邊的人引領到我面前，讓我看見祢差派的天使，讓我開口向他訴說自己的想法。阿們。

默想時刻

我的羞怯是否阻礙了我開放自己？

付諸實行

跟一位身邊的人坦述一件令我憂慮的事情。

10
獨自上路

我們並不是孤零零地死去。

我們每個人都得到祝福、得到引導。

——伊莉沙白．庫伯勒-羅斯 (Elisabeth Kübler-Ross)

黛安常說，她怕的不是死亡本身。她相信，療養院的設施可以控制她身體上的痛楚，醫生和護士可以回答醫療上的問題，院牧可以關注她靈性上的需要，社工也可以在保險和家庭事務上幫助她。不過，始終令她困擾的，是不得不獨自踏上黃泉路。她思忖著自己的不治之症，想著在臨終的時候會不會有人陪伴在身邊。

有人相信，上帝所應許的祝福，在於讓我們死後得享靈魂的永生。黛安的家人答應她，會在病榻兩側陪伴她。他們為這位母親兼祖母祈禱，願她安祥地離去。事實上，黛安的子女認為，母親的去世過程似乎「真的有些神奇」。

黛安在去世當日的中午，陷入半昏迷狀態。她躺在牀上靜止不動，呼吸時深時淺，時強時弱。她看上去平靜安祥，皮膚蒼白而冰冷。護士不時走到牀邊來查看，又為她打止痛針。她家人坐在牀邊，憶述著往事，或笑語，或流淚。他們交談著，也跟黛安說話。雖然黛安已經對他們沒甚麼反應，不過他們相信，她仍能聽見他們説話。他們輕撫她的臉，輕訴對她的愛意。

過了不久，「神奇」的事情發生了。黛安的女兒俯身幫她整理枕頭的時候，黛安突然睜開雙眼，充滿憧憬地凝視著牀尾。那裏根本沒有人。至少她的家人甚麼也看不見。她的臉上露出著謎似的微笑。她的家人在她去世後很長的一段日子裏還會提起這件事。她伸出雙臂，輕輕叫了聲：「尊尼」，便停止了呼吸。尊尼是她的丈夫，在十二年前身故。她的家人都認為，他來把她帶回最終的歸宿去。

對於每個害怕獨自上路的人來説，都有一些事情可以給我們一些信心、一些安慰。伊莉沙白．庫伯勒-羅斯説，我們「得到祝福、得到引導」。我們可以主觀地相信，黛安有尊尼在等她，而在尊尼的身邊，有黛安所相信的上帝同在，在他的後面，還有黛安所深愛的已故親友。當然，她還有在世的家人陪伴在牀邊。也許，在以後的某一天，黛安也會在牀尾等他們，臉上帶著迷人的笑容，在愛中伸出雙手。

請聽我的禱告

親愛的上帝，請讓我感受到靈魂得永生所帶來的安慰。請緊靠在我身邊，引導我走餘下的人生路。當死亡來臨的時候，請賜我智慧，讓我可以安靜地等待我所愛的故人，等待父神祢引領我平安地回到天家。阿們。

默想時刻

如果有上帝和我所愛的人與我同在的話，我還怕甚麼？

付諸實行

想像上帝和我所愛的故人用愛來擁抱我。

11
黑夜

要走進森林去，時間在催我，我捨不得離開，但只能這麼做。要走進森林去，時間不由我，我必須動身起程。

——斯蒂芬．宋德姆和詹姆斯．拉潘

(Stephen Sondheim & James Lapine)

午夜前後和拂曉前的時分最讓人感到寂寞難耐。我們的身體和大腦在爭戰：身體想睡下休息，大腦卻百般阻撓。當我們自知身體和大腦都需要休息(精神和情緒所需要的往往更多)，但卻無法把它們安頓下來的時候，是非常苦惱的。在這段時間裏，我們的思緒、焦慮、恐懼衝擊著大腦，折磨著我們。

約翰．圖利．卡莫迪在臨終的日子裏與上帝進行長談。他寫道：「幾年前，甚麼事情都清楚明確，但是如今，我甚麼也不敢肯定。我的周圍、我的內心，都已被黑暗佔據。現在，我漸漸能夠面對午夜的黑暗——真是少一點勇氣也不行。」

生命無常，我們說不準將來會遇到甚麼事情，既掌握不了病情的發展，也無法預料到了最後還能擁有甚麼，更難想像身邊的人沒了我們會怎樣活下去——這些無常的變化令我們焦躁不安，尤其在夜深人靜時，在漆黑一片中，在我們孤單一人，無處排遣雜念的時候。我們被迫面對這些纏繞、折磨我們的煩惱。此時此刻，我們終於體會到何為「靈魂的黑夜」。

不過，我們也可以後退一步，回想一下以往的經歷。這種輾轉反側、徹夜難眠的日子，我們以前並不是沒有經歷過。在人生旅途上，我們不免會走進陰暗的森林裏，在這裏，不但沒有現成的地圖或路標可以依循，連以前學會的生存技能也派不上用場。我們以前的確走過險路，不但是陌生的，更是可怕的。然而，我們終究掙扎著走了出來。現在，險路、森林都化作記憶中的片段，離我們遠去了。

在那些經歷裏，可能隱藏著一些克服困難的祕訣。我們必須記住當時做了甚麼，是怎樣做的，向甚麼支取了力量。我們所患的疾病並不能佔領我們的心靈，不能壓抑我們的記憶，不能粉碎我們的希望，也不能奪走我們的勇氣，更不能消滅別人對我們的愛。我們仍可借助這些力量，它們才是我們生命的核心所在，而不是疾病。所以，我們在黑暗中輾轉難眠的時候，可以憑著它們，嘗試去面對我們的焦慮。詩篇中有一句人們耳熟能詳的經文：「我雖然行過死蔭的幽谷」。我們必須走過陰霾，走過森林，走過幽谷，才能到達最後的目的地。當然，說得容易，做起來卻很難。艾米莉．狄金森 (Emily Dickinson) 深明此理，在詩中寫道：「勇者摸索前行／有時碰上樹的阻攔／撞中前額／但當他們用心觀看／要麼黑暗變光／要麼他們調節視覺／去適應黑夜／生命就幾乎踏上坦途。」

母親躊躇著問我：「你可以坐在這裏陪我度過今晚嗎？」我當然可以。其他人也不會拒絕。我們可以請別人伸手讓我們握緊，或者坐在我們的牀邊。如果我們願意，還可以告訴別人我們的恐懼、擔憂、焦慮。有時候，我們需要的也許只是有人陪伴在側，為我們身處的森林裏增添一分亮光。

有時候，我們甚至不想說話。我們想獨立世外。巴巴拉．卡恩斯 (Barbara Karnes) 在《從我眼前消失》(*Gone from My Sight*) 中，把這種舉動描述為與外界隔離，走進自己的內心世界，進行重整、反思：「在內心世界裏，只能容下一人。我們閉上雙眼，安靜下來，外人也許以為我們在睡覺，但實際上，我們在內心裏別人並不察覺的層面上進行著重要的工作。」

也許，在這閉目的時刻，「我們漸漸習慣了黑暗／在亮光消失後／鄰居提燈離開／亮光也隨之而逝／此刻——我們在猶豫中向前／面對陌生的黑夜／用雙眼適應黑暗／然後踏上直路」(艾米莉．狄金森)。

請聽我的禱告

親愛的上帝，祢是我的保護者、安慰者。請陪我走過今晚，走過我周圍、我內心裏的黑暗。請賜勇氣給我面對內心的恐懼。請陪我上路，跟我傾談，給我援手。請帶領我走過死蔭的幽谷，走出陰暗的森林，讓我到達最終的目的地，帶著平安，以及更加堅強的意志。阿們。

默想時刻

在黑暗的長夜裏，我怕的是甚麼？

付諸實行

把其中一件我害怕的事情從黑暗中抽出來，在光明之中仔細審視。

12 話語

在生命的終結處，話語已不再重要，觸摸和靜默變得意味深長。

——巴巴拉·卡恩斯

「祝早日康復！」我們收到的慰問卡或來探訪的人都這麼說。「你很快就會康復的！」有的來訪者除了好聽的話之外，甚麼也不願意負擔。另一位常客則說：「下星期再來看你。保持健康啊！」

保持健康？早日康復？他們難道真的一點也不明白嗎？我們現在面對的並不是像骨折這麼簡單的事情。一位病人這麼說：「我根本就**不會**康復，不論是明天還是以後任何時候。」來訪者和寄卡者可能是出於一片好意，想說一些安慰的話，但這些話卻刺痛人心。

阿德里安娜坐在檢驗室裏等待腫瘤科醫生。她很緊張，身體裹在藍白相間的病人服裏，尊嚴已經所剩無幾了。牆上掛著的日曆在提醒她，她和醫生將要計劃下一輪的化學療程。她聽見隔壁診室裏一位男病人在怒吼：「別叫我小勞倫！你沒有這個權利！我叫格雷森先生！我的全名是勞倫斯．格雷森！」阿德里安娜看了一下鏡子裏的自己，看看自己樣子是否還算健康，是否仍像一名普通人。她理解那位病人的憤怒，他在盡力抓緊身為癌症病人僅存的一點尊嚴。她理解被脱得精光、只剩下恐懼的那種滋味。她歎道：「醫生和護士用化學藥物把我們灌滿，在他們的辦公室裏把我們所有衣服脱光，用『勞里兒』或『蜜糖』或『親愛的』稱呼我們。但我們的靈魂呢？我們擁有屬於自己的靈魂啊。」她的朋友、親戚及醫護人員跟她説的話，足以決定她那天的心情是好是壞。

「棍子石頭能敲斷我的腿，但話語永遠傷不了我的心。」這首人們耳熟能詳的童謠説得不對，這一點人人都知道。話語的確能傷人。刺痛人心的話語不一定限於惡意傷人的那種，它們也包括實話直説的那種。「我很難過告訴你，你長了一個腫瘤。」刺痛人心的話語不一定限於刻薄之言，它們也包括假意虛辭。「我聽説癌症可能是憤怒引起的。親愛的，你到底有甚麼不滿的事情？」有些話語很沉重，但説話的人卻衝口而出：「治癒的機會很低，你只剩下幾天的命，最多兩個星期。」有些則夾在閒聊中：「噢，你又掉了幾縷頭髮。」有些像迎頭痛擊：「你抽煙抽了這麼多年，肺傷得厲害，怪不得會落得現在的下場！」有些則是旁人不經意地説的：「米勒先生，這是不是新的傷口？」其他的話語雖然不起眼，但常被人掛在嘴邊：「早日康復。早日康復。」話語能令人害怕，甚至驚惶，也能令人痛苦，甚至傷身。

面對這些充斥在每天的生活裏，甚至令我們失眠的話語，我們應該怎麼辦？面對這些令我們白天黑夜都難捱的話語，我們可以做些甚麼？阿德里安娜的對付方法是運用想像。她說，她會想像自己是某部落的一名鬥士，為了比任何土地都珍貴、比任何教條都重要的獎賞而奮戰。

有些人則用幽默而誠實的態度來面對。一位病人拿著一個空藥瓶走進藥房，笑著對藥劑師說：「把它填滿一半就行了。我的命未必長得可以用完整瓶藥。盡些綿力省下幾塊錢也好。」

有的時候，我們可以與在同一陣線上作戰的戰友分享話語。我們可以建立支持小組，或者甚至只跟另一位正經歷類似想法、感覺、痛楚或痛苦的人分享。阿德里安娜尋找別的癌症病人作伴。她覺得他們整體像一個地下組織，成員無論在哪裏，就算像在街上的陌生人，都能彼此認出來。

一旦我們跟一些話語或看法相處久了，它們對我們造成的傷害就會減輕。如果話語是錯的或者是假的，我們可以在加以檢視後拋諸腦後，或者「左耳進右耳出」。如果話語是真實的，我們可以加以分析，最後像吸收新詞彙一樣接受他們。我們可以用自己的話語幫助別人理解我們的感覺、想法和認知。最重要的是，我們要明白，不知所措的來訪者和寄卡者都在笨拙地找方法跟身處陌生處境的我們溝通。他們的話語只是言詞而已，並不是在貼切地反映著他們內心的想法。

請聽我的禱告

親愛的上帝，請幫助我回想一遍今天聽到的話語，並重新加以整理。請幫助我扔掉那些沒用的，保留那些將來可以慢慢咀嚼的，並把那些好的珍藏在心裏。請幫助我辨別講話之人的動機，讓我更加了解他們所說的話語。請賜給我耐心和決心，讓我幫助別人與我對話，使我們的相處更具意義、更有益處。阿們。

默想時刻

今天哪些話語給了我受尊重的感覺？

付諸實行

整理今天所聽見的話語，分出哪些有用，哪些沒用，然後把我的領會告訴別人。

13 天使

天使的出現正是一種溝通。就算天使悄聲無息地在我們面前走過，也已代表了神跟我們說：「我在這裏，與你同在。」

——托拜厄斯・帕默 (Tobias Palmer)

天使現在比任何時候都受歡迎。「天使」一詞，按最純粹的定義來講，是指上帝差遣來幫助我們的使者。天使可以是肉眼可見的，也可以是隱形的。他們可能是活在我們身邊有血有肉的人，也可能是令我們驚歎不已的事件。其實，每個人都可以講述一個關於天使的故事。菲莉斯的天使故事裏面，包含了一根光禿禿的丁香樹枝，以及她面對癌症療程的恐懼和灰心。

菲莉斯講述道：「當時是三月份，我的子女們想要一棵復活蛋樹。復活節對我來說是遙不可及的。我正為化療和剛發現的乳癌而憂心忡忡。但我的子女像小孩子一樣央求我，非要不可。於是，我在復活節前幾個星期的一天，從屋子附近的灌木叢裏折了一根挺粗的樹枝。我把它帶回家，噴上白漆，放在一個裝了一層石膏的咖啡罐裏。等石膏層變硬以後，我跟兒女們一起粉飾咖啡罐，又把塗了顏色、綁了絲帶的復活蛋掛在光禿禿的樹枝上。那棵復活蛋樹放在廚房的桌子上，它那了無生氣的枝杈在提醒著我，我正處於生命的冬季，春天和康復的日子似乎離我還遠得很。」幾個星期過去了，菲莉斯還在被癌症療程所引起的痛楚和副作用折磨著，她那病情好轉的願望又落了空。她很渴望能看見春天的信息和她康復的確據。

勃朗寧夫人(Elizabeth Barret Browing)曾說：「人間有天堂。每棵平凡的樹都能燃起上帝之火。」菲莉斯可能同意這一點，因為在復活節前的那個星期，她從平凡的樹枝上看到上帝傳來的希望信息。復活蛋樹雖然這麼多個星期以來都是一副了無生氣的樣子，但在復活節前的那個星期，塗了白漆的樹枝竟然發出嫩芽。菲莉斯每天都驚訝地看著它，那插進硬石膏裏的樹枝竟然長出更多的綠葉，最後還綻放出紫色的花朵。在復活節的星期天，那根僵直的樹枝生意盎然——芬芳的薰衣草香、蔥蘢的綠色，在廚房的桌子上顯得生機勃勃。那棵丁香樹是不是菲莉斯的天使，前來安慰她、鼓勵她的呢？還是她的子女是天使，執意要讓她紮根在家庭的傳統活動及她自己的生活中呢？菲莉斯及家人都把它看作是希望的象徵，見證了上帝在他們遇到試煉時與他們同在。

天使奉上帝之命來陪伴我們，在我們有需要的時候幫助我們。他們也許化身為和藹的護理人員或友善的鄰居，也許化作長滿花朵的樹枝，也許是在醫院候診室裏給我們安慰的陌生人，或者甚至是家人，用各種各樣的方法來表達關心和愛護。要辨認出我們自己的守護天使，就先要向他們敞開心扉。就像菲莉斯可以把丁香樹枝看作是上帝的信息一樣，我們也可以把自己經歷過的神蹟看成是上帝對我們所說的話語。這些信息帶來盼望，就算我們在最黑暗的冬天裏，上帝和天使也會跟我們在一起。

請聽我的禱告

親愛的上帝，請幫助我留意生命中出現的天使。請容許我認為，即使寂靜也是祢的信息。請讓我對神蹟採取開放的態度，使我跟祢的關係更加緊密。請讓我因天使的出現而看見希望。阿們。

默想時刻

過去幾天有哪些人、哪些事是我的守護天使？

付諸實行

思想一下我最近遇到的神蹟，告訴別人它怎樣令我與上帝更親近。

14
為何偏偏是我？

每天死掉。每天又再重生。

——尼克斯．卡贊札基斯 (Nikos Kazantzakis)

奧德麗不相信自己患了癌症。怎麼可以既患上癌症，又懷了孕？她身體一直很健康，一直堅持吃素菜和全麥餐，怎麼可能落得跟祖母一樣的境地？祖母在產後被腎癌引起的併發症奪去性命。她會不會走上祖母的不歸路？奧德麗想起牀來個深呼吸，但她感到肺疼。全身一切都在疼。聽護士說，她肺裏積了太多液體，她比一個月前重了三十五磅。她怎麼可能病成這樣。她不可能在面對死亡——畢竟一個新生命正在來臨啊。她覺得很古怪。身邊的人個個憂心忡忡，她也心煩意亂。她照鏡子的時候，甚至不認識鏡中的自己。為甚麼他們每次離開總是把門關上？為甚麼他們總是在竊竊私語？她不喜歡孤獨。她不能死，還有那麼多事情還沒做。她深知自己要擔任孩子的母親。如果她走了，誰能用她的方式去愛她所愛的人？她想跟別人傾訴，但又覺得很累。她不能講話，覺得身體很不舒服……但是，怎麼可能就快死了呢？

不相信醫生的診斷。不相信自己正面臨死亡。這麼殘酷的事實怎麼會發生在自己身上？我們已經循規蹈矩。並且，我們正在創造一些美好的事情——一個新生命，一個家庭，一番事業，一本書，一個重要的項目……為甚麼美好的前景竟然被疾病侵蝕掉？

拉瑞．多賽(Larry Dossey)博士在《心風潮》(*Healing Words*)中列舉了很多類似的例子，重病不分青紅皂白地攻擊人。法國的聖伯爾納德(Saint Bernadette)於一八五八年在露德(Lourdes)看見聖母顯現的異象，傳説那兒因此有萬人獲醫治，但她自己卻不是其中一個——她在三十五歲死於骨癌。現代印度最受尊崇的聖人拉瑪那．馬哈希(Sri Ramana Maharishi)死於胃癌。虔誠的精神領袖跟無神論者一樣會病倒，妙手神醫跟他們所治的病人一樣逃脱不了病魔的纏繞。相反地，很多人「放浪形骸」卻活到九十歲。

我們的身體無可避免地為遺傳病所困，為傳染病所害。多賽博士認為：「我們的身體有自己的一套，未必跟我們的心理和靈性並駕齊驅。身體可以朝氣勃勃，可以垮掉，也可以病倒，事前不必跟我們商量一下。」我們的貓兒狗兒患了癌症，我們覺得是自然規律，可以接受。但是，當患病的換成是我們，我們不再覺得是理所當然。我們陷入「為甚麼」、「怎麼會」、「本來應該」、「不公平」等疑惑所編織成的苦惱之中。其實道理很簡單：我們不明白為甚麼頑疾只逮著某一些人，卻不去抓別的人。直到我們覺悟，原來世間的生老病死本是如此。

奧德麗流產了。當她腦子裏**想著**的是死亡時，腹中胎兒便不活了。在疑惑和悲傷中，奧德麗說：「人生就是這樣……有時候死亡來臨，卻沒有人察覺——就連我自己都沒察覺到。」奧德麗要從巨大的身心痛楚中走出來。她的身體漸漸地好轉起來。令人奇怪的是，她身上的癌症已銷聲匿迹了。作為從生死一線上走回來的人，她現在抓緊每一天活著。她知道，只要醫生的一句話，足可以令她回到生死線的另一邊。她不再覺得一切在控制之中。她明白到，身體有它自己的一套。

這簡單的事實難道不是在提醒我們，就算被困在有限的時空裏，我們仍應該自由樂觀地活盡每一天嗎？這簡單的事實在提醒我們，別再浪費時間去想為甚麼上天對我不公平，而是集中精力去想怎樣可以把每天過得更充實。

請聽我的禱告

親愛的上帝，請幫助我明白，我並不是因為做錯事或沒做某件事而受到懲罰，所以得了這個病。請提醒我，疾病未必能打垮我的意志、我的心、我的靈。請把我從絕望中拯救出來，讓我充滿希望地迎接新的一天。阿們。

默想時刻

我會因為患病而埋怨自己嗎？

付諸實行

拿心靈的鏡子照一照自己，讓自己看到鏡中的自己。

15
憤怒

她熱愛生命。我覺得她始終忍受不了生命終結這一事實。我為此而感激她。她向我展示出我如果在同一處境裏所想擁有的勇氣和意志。直到最後一刻，她仍然為自己要失去生命而狂怒不已。

——亞瑟．查普曼 (Art Champman)

我們失去所有的時候，會覺得憤憤不平。為甚麼偏偏是我？為甚麼是現在？這不公平……為甚麼？憤怒在重病中霸佔了很大的席位。憤怒除了協助我們更了解自己之外，也是我們情緒的一部分。憤怒跟其他情緒一樣，可以引發能量。如果疏通得宜的話，憤怒是一種健康而正常的反應。然而，有時候我們連承認自己憤怒都要獲得別人的首肯。

到底誰會覺得憤怒？答案當然是「我！我快死了，簡直是怒氣衝天！我眼睜睜看著自己甚麼都失去了」。就像一位不得不撇下家人離去的年輕母親，憤怒地掙扎著。我們的憤怒可能促使我們珍惜地過每一天，細嘗與家人共處的時刻，或用憤怒所引發的狂熱去愛自己所愛的人。有些人可能把此舉稱為決心，或者搏鬥，或者活下去的堅定意志。由此可見，憤怒在起積極作用的時候，可以轉化我們。

還有誰會覺得憤怒？也許是我們所愛的人。一位少女在支援小組的分享會中大哭起來：「我生上帝的氣，因為祂帶走了我爸爸。」別人也許會因為我們患病而惱怒。雖然是毫無道理的行為，但對病人生氣確實是護理人員和家人在面對離別時的反應。一位丈夫質問垂危的妻子：「你怎麼可以離開我？」有時候，子女未必理解內情，可能會不理我們。他們砰地關上門，躲進自己的小天地裏。也許，我們會怨醫藥的無效，醫護人員的無能。表達憤怒的方式可能是叫喊、痛哭，或是質問；也可能是用敵意、抑制、嘲諷或苦澀來壓抑。跟其他感覺一樣，憤怒本身並沒有錯，並且是有用的，因為憤怒是醫治過程的一部分。最重要的是，我們要學會在不傷人傷己的情況下把它表達出來。

在堪薩斯州的堪薩斯市，奧維爾・凱利（Orville Kelly）先生成立了一個名為「珍惜今天」的組織，幫助患有癌症和其他絕症的病人積極面對死亡。他在一九八〇年逝世的時候，該組織已經接觸和感動了成千上萬的癌症患者、家屬及護理人員。他在跟病魔搏鬥的日子裏，與妻子一起公開講演，舉行研討會，接受了不計其數的報章雜誌的訪問。他們的目標是促進病人和身邊的人對絕症問題進行開誠布公的溝通。他們致力透過提高專業知識和公眾人士的意識來改善垂危病人的生活素質。「珍惜今天」組織務求使罹患絕症的病人每天過得充實而獨特。奧維爾自知贏不了他的病，但仍然非常樂觀，鼓勵大家在處理情緒的課題上真誠對話。

我們能坦誠地跟所信賴的人分享自己的憤怒嗎？我們能公開地捶打枕頭或吊袋來洩憤嗎？我們應該把自己的感受寫下來，或用粉彩或油彩把自己的感受表達出來。哭出來，罵出來，然後把憤怒轉化成為具體而積極的事情。憤怒並不是錯事，把它表達出來可以幫助我們擺脫它。也許我們能像那位「熱愛生命……為自己要失去生命而狂怒不已」的妻子一樣，她的坦誠令她丈夫為此而感激她、記念她。

請聽我的禱告

親愛的上帝，有時候，我真的很憤怒。我熱愛生命，不想離開我所愛的人。請幫助我用對我和家人有醫治作用的方法來表達我的憤怒。請在這個過程中給我安慰，讓我明白到，我已經把所有的情緒轉化成為珍惜今天的生命力量。阿們。

默想時刻

今天可以用甚麼方法表達我的憤怒？我所愛的人又可以用甚麼方法把他們的憤怒轉化成積極的力量？

付諸實行

想一件令我憤怒的事情，找出積極的方法把它表達出來。

16
失望

一切苦毒、惱恨、憤怒、嚷鬧、毀謗，並一切的惡毒，都當從你們中間除掉；並要以恩慈相待，存憐憫的心，彼此饒恕……

——以弗所書四章31至32節

伊芙被糖尿病折磨了好幾年，她的腎在衰竭，視力在衰退，雙腳也漸漸不能動了。她曾經是個精力充沛、天資聰穎、具有創意、獨立而又勤奮的人，給周圍的人帶來歡樂。但是後來，她的身體開始衰弱。她嘗試慢慢減少工作量，但她的體力很快便應付不了那些逐漸減少的工作。她不能相信自己的身體在每況愈下。她的丈夫答應會照顧她，不會把她送進護理院。然而，他竟意外地身故了。她不可以獨自留在家裏，因為她需要大量的醫療輔助，而子女又不能把她接到他們家裏照顧。於是，她帶著鬱結、怨恨、失望搬進護理院。她很難跟子女溝通，甚至不能心平氣和地對待他們。

傑茜的情況跟伊芙差不多。她曾經是個活躍而忙碌的人，後來被病魔囚禁在家裏，最後囚禁在牀上。她患上不治的癌症，這個絕症已經奪去了她父母、兩名手足和她丈夫的性命。她知道自己會是下一個。從診斷中得知生命無望時，她心裏滿是怨恨。她以前曾照顧家裏的癌症病人，現在輪到家人照顧她。她的女兒很愛她，每天都不辭勞苦地照顧她，但是她能感覺到女兒內心對繁複的護理程序的厭煩。她對女兒愈來愈失望，並且透過很多的小動作來表達她的不滿。

伊芙和傑茜用各自的方式度過了生命中的最後幾年。在這個過程中，她們錯過了很多的盼望。她們本來需要不斷地調適自己，但改變對她們來說並不容易。如果她們從一開始就缺乏應變技能，那麼一旦個人危機發生，她們就更無力招架。她們從有才幹、有活力的人一下子變為依賴別人、充滿怨恨的人，性情也隨之轉變。

我們沒人會願意面對失望和轉變。我們沒人可以自稱掌握了萬全的對應之策。一個不能駁回、即判死刑的診斷宣判足以令最堅強的人變成滿心苦毒的人。它會讓我們在生命中最後的日子裏，連最基本的禮待、最少的仁慈、最輕微的幽默、最低限度的體貼都容納不了，都不願施予別人。

我們怎樣才能脱離失望和痛苦的深淵呢？事實上，我們真的願意去試一下嗎？奧爾巴尼醫療中心的伊莉沙白・克拉克（Elizabeth Clark）醫生認為，處理問題的先決條件是希望。伊芙和傑茜便是失去了希望。不過這種情況是可以改善的。克拉克醫生說：「想處理失望，就要重整我們的思想。每個人都可以主動建立新的希望，或者創造一個有替代功能的希望。」家庭不能總是扮演永遠萬能的角色；長年的拖累會造成破壞。

我們如果想找人細訴療程中的每一個細節的話，最好不要全都傾注在第一個來訪者身上。我們最好找一些願意聆聽的人：護理人員，或者是同為過來人的病友。如果子女令我們失望，我們該找外面的人，例如是摯友或者是輔導員。我們如果每天早上醒來的時候覺得抑鬱、缺乏關懷，可以找專業輔導員來陪我們度過艱難的時刻。我們如果找不到適合的人跟我們分擔沮喪、怨恨、憤怒、失望，可以把這些重擔交付給上帝，交給天使，或者交給宇宙。我們把重擔一點一滴地卸下，然後一點一滴地經歷以前曾擁有過的希望、輕省和愛。

請聽我的禱告

親愛的上帝，請幫助我診斷自己心靈和情緒上的疾病，讓我不再拒絕身邊摯愛的人。請在我對愛我、關心我的人產生怨恨、失望或嫉妒的時候提醒我。請幫助我回想起他們在我生命中留下的重要時刻，讓我為此而心存感激和恩慈。阿們。

默想時刻

我有沒有對來訪者產生怨恨？我應該怎樣處理這些怨恨呢？

付諸實行

想一想令我失望的人有何令我感激的地方，並把這些感激告訴他們。

17 難消的怒氣

耶和華豈永遠懷怒，存留到底嗎？

——耶利米書三章5節

安德莉亞每當跟子女提及有虐待行為的前夫時，只能以「你爸」相稱。在他們離婚後的三十年裏，安德莉亞獨力撫養五名子女。她在一間兒童領養機構做社會服務祕書，她喜歡這份工作，並且勝任愉快。她雖然很積極進取，但身為單身母親，仍平息不了對前夫的怨怒。在內心深處，她痛恨著他。有一天，當她跟已長大成人的子女提起「你爸」時，女兒說：「媽，別再生他的氣了吧。畢竟到現在已經三十五年了。」安德莉亞歎了口氣，點了點頭。不過，還是說易行難。

安德莉亞在生命的最後一年發現患上了無法可治的癌症。她對前夫的怒氣日益增劇，並且震撼著她整個人。她知道應該原諒他，因為她的怨怒不但破壞了她跟別人的關係，並且成為自己的負擔。她不想在陰暗之中走向生命的終結。但是，她又能怎樣解決呢？那種憤怒已經根深蒂固了。

安德莉亞和前夫的破碎關係是她從未著手處理的「未完之事」。難平的怒氣纏繞多年，就算到了生命終結時，也是難以獨自承受的重擔。這些怒氣必須逐件整理、加以分析，然後處理掉。這不是一件容易的事，尤其在怒氣已積聚了幾十年的情況下。耶穌也知道要饒恕別人、放下怒氣對我們來說並不容易，衪提出我們要到七十個七次才能最終明白饒恕的真諦。

我們可以找輔導員、治療師或牧師傾談，這是積極而有勇氣的第一步。這些受過專業訓練的人具有技巧和能力幫助我們循序漸進地走過痛苦，直到我們完全克服它為止。從我們自己的軟弱、錯誤、失當，到別人的軟弱、錯誤、失當，我們把它們都一一放下。原諒自己以往的過錯，跟饒恕別人以往的過錯一樣重要。我們可以請摯友或家人幫忙，不過心裏的期望和大家共同的經歷可能會成為一種障礙。我們還可以用粗筆把怒氣發洩在紙上，然後把紙燒掉，象徵把怒氣拋掉，這麼做也有醫治作用。

馬修是位系統分析師。他常以面對和躲避並用的方法來處理憤怒。他告訴護理人員，自己不願見到兩位來訪的常客。「讓他們別再來了，我不想見他們。」這是很有效的處理方法。我們如果有一些可信賴的人在身邊幫忙的話，可以請他們幫忙「拒客」，把我們不願見的人拒諸門外。現在就是最好的時機。我們此刻最需要的是平安寧靜，而不是焦躁憤怒。我們應該大聲地承認我們對某人的怨恨——就算那個人已經作古，然後把那段不快的關係拋諸腦後，這就是馬修所做的。他不斷透過跟父親對話來洗刷心中的怒氣。他父親是苛刻而自大的人，前幾年去世了。馬修不斷分析、整理、過濾……直到最後處理了怒氣。然後，心靈終於獲得了自由。

安德莉亞在臨終的日子裏，開始慢慢地處理自己對前夫的怨恨。有一天，她為前夫、為自己、為兩人沒有修補過的關係、為其中的遺憾而痛哭了一場。最後，前夫的人格陰暗面離開了她內心，隨之而去的，是她自己的陰暗面。她去世後，女兒在她的梳妝箱裏、硬幣包裏、牙膏匣裏、廚房抽屜裏發現了很多紙條，上面都寫著：「寬恕就是指記住，然後繼續上路。對我來說，寬恕就是指在上帝的幫助下，刻意地作出決定，去拒絕讓怨怒支配我。」安德莉亞終於為自己找到新的出路。

有人說，愛恨之間只差一線。這種複雜的情意結很明顯地反映在安德莉亞和馬修身上。根深蒂固的怨怒很難處理，但我們必須強逼自己去面對。這樣做的最終回報是衝破人生苦短的無奈，重獲新的生命，帶著自由的靈、平安的心，和對來生的充分準備。

請聽我的禱告

慈愛的上帝，請幫助我重整生命，找出擾亂我心、惹我煩憂的怨怒的根源。請幫助我找出方法，把消耗我內在力量的怒氣拋掉。請賜給我勇氣承認和處理自己的怒氣，讓我得到平安。阿們。

默想時刻

我在生別人的氣嗎？那人是誰？

付諸實行

明白到我可以承認自己的憤怒，並開始著手處理它。

18 絕望

我與傷痛同行了很久，
它卻不發一言；
我參透了很多人生道理，
就在它的身邊。

——羅伯特·布朗寧·漢密爾頓
(Robert Browning Hamilton)

傑克得知「宣判書」的內容時，驚惶失措——他被幾位戴著口罩的人組成的「陪審團」宣判死刑。他們難道不知道嗎？他才二十四歲呀。他甚至不夠時間去向不信他能成功的人證明自己的實力。他們是不是弄錯了？他這麼年輕，怎麼可以死呢？算了，就算是他們判對了，他非死不可了，那他也應該盡情享樂吧？為甚麼還要工作？為甚麼還要起牀呢？為甚麼不可以天天吃牛扒、炸蝦、核桃餡餅？為甚麼不可以沉醉在毒品裏？

既沒有假釋也沒有緩刑，既沒有大赦也沒有醫治，死亡帶來的絕望如烏雲蓋頂，讓人根本不想一大早醒來。只在瞬息之間，生命好像失去了價值，失去了意義。一項嚴酷的宣判足以讓人遠在身體死亡之前便死了心。

絕望的可怕之處，在於它可以降臨在任何人身上，無論我們是否已經收到了宣判書。忽然之間，一切被連根拔起，扔在地上，摔個粉碎。**有甚麼用呢？**我們在想。不如放棄我們一直以來所信的一切吧，反正也於事無補。

然而，我們並不可以放棄，因為逃避現實或放縱自己都不能為生命增添任何意義。其實，我們也正是在此時此刻最需要意義。要對付絕望，就要勇敢地面對它，積極地處理它，這能令我們即使面對生命中最大的危機（比如說身患絕症），仍然能夠成長。生命的終結怎樣幫助我們成長呢？我們要接受它是生命中重要而珍貴的一部分。羅伯特．赫霍爾德（Robert Herhold）在《向死亡學習生存之道》（*Learning to Die, Learning to Live*）一書中寫道：「在生命中，死亡總是輪到最後才出場，這太糟糕了，因為死亡能令我們悟出很多生命的道理。」我們雖然被判了死刑，但我們刻下仍然活著。

傑克知道死刑的宣判意味著他只剩下若干日子的命，就算他接受治療，剩下的日子仍是屈指可數的。他走在醫院的走廊裏，看見其他同樣被宣判的人，有的甚至比他還年輕。看來公平與否已是題外話了。他最後認為，他所剩下的日子的長短，也許及不上素質的重要。攝影曾是他的業餘嗜好，現在成了他的專職。他的精神振作起來，他的生命開始產生意義。他說：「我一方面因為生命有所得著而高興，一方面卻因為沒有將來而傷感。」不過，他的作品卻有將來。它們實實在在地見證著傑克的生命，在他離去後仍留在醫院的牆上、親友的家中。傑克對於將來的闡釋跟其他更健壯的人所認知的相去甚遠。傑克知道他的將來屈指可數，於是積極地珍惜現有的每一天。

當傷痛與我們同行時，我們必須想方設法從它身上領悟道理。我們可以打開想像，發揮我們的創作力，來充分學習。我們可以自製錄音帶、錄影帶，或者進行攝影、作詩、寫散文、記日記、畫畫、素描、做手工、做木工，或者跟別人分享故事，藉此來走過痛苦、憤怒、哀傷、絕望。這些活動都能振奮我們的精神，幫助我們更加了解生命，了解自己。

朱迪·塔特爾伯姆(Judy Tatelbaum)在《哀慟的勇氣》(*The Courage to Grief*)一書中寫道：「森林在野火燒盡後會重生，寒冬過後必是暖春，在這個自然規律下，我們不管遭受甚麼痛苦，仍能繼續成長。」《新約聖經》的羅馬書亦說：「患難生老練，老練生盼望，盼望不至於羞恥。」(羅五3～5)

請聽我的禱告

生命之主啊，當我真心面對自己患病前的生命時，看見自己在那些日子裏很少反省，很少感恩。請幫助我醒覺，剩下的日子可能將成為我生命中最重要的部分。請告訴我如何與傷痛同行，如何在它身邊成長。阿們。

默想時刻

我怎樣可以走出絕望，走進新生？

付諸實行

找出一種以藝術來表達自己的方法。

19

悲傷

愛、憤怒、恐懼、沮喪、孤單、愧疚，都是悲傷的一部分。我們應該知道，悲傷並不等於軟弱或缺乏信心，卻正是我們為愛付出的代價。

——達茜 · 西姆斯 (Darcie Sims)

十歲的喬希舉起自己的粉彩畫説：「這個怪獸把我的歡樂都吞掉了。」他這話沒錯。畫裏只有黑紅二色，呈現出一條長著火紅頭髮和血盆大口的惡龍。它正是內心悲傷的男孩對自己難以言狀的經歷的表達。他的孿生妹妹一個月前身故，他覺得憤怒。他也覺得迷茫、害怕，並且非常傷心。他參加了悲傷兒童支援小組，過了一些日子後，開始明白到悲傷是不可以「解決」的。他明白到，當他跟願意聆聽的人分享自己的想法時，內心的那頭怪獸就會安靜下來，讓他裏面一些開心的感覺流露出來。

悲傷是指我們失去某人或某物時產生的感覺。當我們所愛的人去世時，我們覺得傷心、孤單、憤怒、空虛，就好像一頭巨型的怪獸把我們的喜樂、安全感和希望全都吞噬了。我們搬遷到異地的時候，可能為失去友誼、熟悉的環境、習慣了的生活方式而悲傷；我們患了重病的時候，內心的那頭怪獸可能會吞掉我們的歡樂，只給我們剩下空虛寂寞。由於長期的患病會奪走我們自立的能力、我們一貫的生活方式，甚至我們對未來的盼望，因此我們對所失去的而悲傷是無可避免的，甚至是健康的。另一方面，我們用甚麼態度面對自己內心的怪獸，決定了我們最終怎樣理解這些痛失所愛的事實。

喬希在悲傷兒童支援小組裏，明白到原來感覺不必分對錯，感覺就是感覺。他學會感受自己的感覺，並跟別人分享這些感覺。他透過繪畫和音樂等活動表達這些感覺。他把憤怒帶到遊戲場上，用籃球把它發洩出來；他把傷心帶到自己信賴的媽媽面前，跟她分享。喬希常常在媽媽面前哭，因為媽媽允許男孩兒流淚。媽媽有很多次都跟喬希一起哭。喬希也明白到，內心的那頭怪獸有時候離開了一會兒也沒有問題。他覺得：「雖然妹妹死了，我有時候感受開心的感覺也是沒錯的。」

跟心裏的怪獸搏鬥是很費勁的，我們需要拿出力量和勇氣。有時候，這場搏鬥太艱巨了，令我們灰心喪氣。這時候，我們可以感受一下那種傷心的感覺，可以透過揮筆疾書，或者塗鴉潑墨來宣洩。直到有一天，我們能喚醒內心那種久違了的喜樂。

怪獸最終會闖進每一個人的心裏，不過我們內心被吞噬了的喜樂仍然原封不動，等待著我們在意想不到的情況下重新發現，像一位久別重逢的朋友，一封歡迎函，或者絕境中的喜訊。喬希在悲傷兒童支援小組中，最後畫出來的怪獸面帶笑容，少了些憤怒和凶惡的神情，它四腳朝天，完全洩了氣。站在它旁邊的是一個男孩兒，在勝利中舉起一隻手，臉上掛著燦爛的笑容。

請聽我的禱告

親愛的上帝，我多麼渴望能征服那頭闖進來的怪獸啊。我為失去很多的東西而悲傷。我願意付出一切來換取現在和以前的喜樂。我和所愛的人都在經歷改變。請幫助我勇敢地面對我所有的感覺，並以健康而有醫治作用的方法把它們表達出來。阿們。

默想時刻

我為失去甚麼而悲傷？

付諸實行

針對一種感覺，用跟別人分享的方法，或者透過有釋放功用的活動來把它表達出來。

20

幽默

當一個人去日無多時，你可以提醒他，他仍在一天一天地活著，甚至還可以帶著一些幽默感，笑看人生中的點滴趣事。

——維克托．科恩 (Victor Cohn)

還記得那首歌嗎？歌詞說：「就算你是假裝的，大聲笑吧，小丑！大聲笑！」幽默和大笑真的能在我們傷心痛苦的時候帶來安慰嗎？有時候我們可以請幽默和愉快的心情出場，在我們面對死亡、垂危、悲傷、哀慟等嚴峻的處境時醫治我們。

凱爾是一位駐院牧師，自己也要與乳癌搏鬥。她在工作之餘，也要進行化學和輻射治療。她每天都戴著不同的彩色頭巾，對於很多認識她的人來說，她的頭巾已成為她的商標，標誌著她內在生命的鮮豔明亮。她在接受治療的日子裏，終於還了多年的心願，就是跟丈夫一起學跳舞。她在重病中仍不斷前進，向別人傳福音，笑談自己的趣事，為身邊的人帶來歡樂。她每天都洋溢著對生命的熱愛。她丈夫說：「她身上好像裝滿了陽光。」

凱爾的葬禮反映出她對生命的樂觀態度。她那些繽紛的頭巾鋪在祭壇和教堂前的欄杆上。由於她相信光是醫治之源，又鍾愛蠟燭，因此在整個葬禮中，教堂裏一直閃爍著點點燭光，像在提醒來賓，她在面對黑暗和病魔時仍閃耀著光輝。在她生前工作的醫院禮拜堂裏，人們把她的一條彩色頭巾安放在玻璃櫃裏，櫃上面刻著：「永遠追求生命」。凱爾就是以幽默、善良和一顆服事別人的心，來實現這個信念的。

長期病患者可能覺得在他們的處境裏根本笑不起來。我自己則仍記得父親常惹我們發笑的時刻。他的心臟病引起的併發症使他的肚子脹得鼓鼓的，我們一家開車遠遊的時候，他往往把褲子的拉鍊和紐扣鬆開，坐得舒服些。母親、姐姐和我想起一件往事時仍忍俊不禁。我們有一次開車開了很久，然後到達一個擠滿遊人的旅遊景點，父親走出車外想伸展一下雙腳，不料褲子也隨之滑下，掉在腳上。他雖然帶病在身，卻笑得比誰都大聲。在我對父親和他病情的記憶中，印象最深的是他的幽默感和他面對苦難時的樂觀精神。

加信斯 (Norman Cousins) 認為，笑可以醫治我們，雖然未必能治病，但能撫慰我們的心靈。在某種程度上，諧星查理 · 卓別林 (Charlie Chaplin) 或切維 · 蔡斯 (Chevy Chase) 的電影是比藥物更吸引人的療程。有的時候我們怕樂極生悲，或像音樂治療師迪安娜·愛德華茲所說：「垮下來，散了架子，繼而支離破碎。」笑和淚是分不開的。幽默往往能幫助我們表達悲傷之情。

傑茜卡才十歲，就要因癌症而面臨死亡。她母親的一位朋友聽說她病情轉壞，再次住院，就買了一個汽球，下面綁了一個小熊，然後開車前往醫院。那天天氣比較熱，她打開了車的後窗，讓空氣流通。她到了醫院，才發現汽球和小熊早已飛出了後窗外，於是只好空手來探望傑茜卡。傑茜卡聽了她的解釋後，笑了起來，拍著手說：「真不錯。現在天上飄著一隻小熊，是我的，正在低下頭輕聲求助：『救命啊！請救我啊！』」從傑茜卡身上，我們看到，就算面對死亡，生命仍然是最重要的，生命仍然有像那個綁在汽球下、飄在半空中的小熊那樣的滑稽片段。

請聽我的禱告

創造生命的主啊！請幫助我尋找一些生命中的趣事，給我和我身邊的人帶來微笑。請在我的苦難中給我增添輕鬆愉快的感覺。請賜歡樂給我，並讓我把這些歡樂跟別人分享。阿們。

默想時刻

我自己或者我身邊的人最近發生過哪些趣事？

付諸實行

今天最少笑一次。

21
痛苦

你漸漸與痛苦成為朋友，跟它並肩同行，讓它的力量滲透到你的生命中，使你更堅強。你是蒙福的。

——珍妮絲．韋爾 (Janice Welle)

瓊．布魯森克 (Joan Broysenko) 在著作《靈之火》(*Fire in the Soul*) 中寫道：「任何社會裏的智者都教導我們，不要祈求免於痛苦，卻要祈求勇氣，學會在通往自由的路上，忍受各種各樣的痛苦。」在長期病患和重病中，痛楚是不可分割的一部分。我們怎樣能與其並肩同行、從中獲得力量，以使我們更堅強呢？痛苦真的能令我們蒙福嗎？痛苦能隱含任何好處嗎？我們怎樣能忍受痛苦、繼續成長呢？我們真的一定要忍受痛苦嗎？

比爾牧師跟癌症搏鬥了五年，這對他兒子科爾產生了積極的作用。科爾參加馬拉松賽跑時，心裏就想著父親。他的膝蓋有傷患，別人都叫他放棄，他卻毅然跑下去，一直跑完全程。他說：「我為我爸跑。既然他能吃苦，我也能。」在馬拉松比賽結束後不久，比爾牧師便去世了，但他的尊嚴並沒有被痛苦磨滅掉，因為他把痛苦幾乎看作是一次靈性上的洗禮。他的遺體穿著兒子在馬拉松比賽中贏取的獎品：一件短袖汗衫，胸前繡著：「馬拉松完成者」。他們父子倆都深深知道，痛苦是賽跑的一部分，他們並沒有因為痛苦而耽誤了目標中的任務。比爾的家人說，他圓滿地完成了自己當初的使命——堅守信仰過一生，就算生命充滿艱辛、充滿痛苦。

在今天的社會裏，科技一日千里，身體的痛楚往往可以藉醫藥儀器減緩。痛楚未必可以避免，但可以用很多方法治療，例如，口服或注射藥物，內置輸送管，或者靜脈注射，都有助於減緩痛苦。有很多醫生和診所都專門從事止痛服務。療養院的一個主要功用就是止痛。

綜合治療法，包括音樂治療、祈禱、默想等，有助於減輕長期病患和病痛的痛楚。雷切爾．諾亞米．雷曼(Rachel Noami Remen)在著作《餐桌智慧：具醫治作用的故事》(*Kitchen Table Wisdom: Stories That Heal*)中寫道：「媽媽輕吻我們的傷口，讓我們舒服些。其實她這麼做沒有甚麼止痛作用，卻能減輕我們的孤獨感。」我們的病痛可以靠親友的撫摸、陪伴，或者透過按摩、生物反饋、催眠等方法來減輕。我們不應該獨自跟病魔對抗。

有一些專門的工具可以幫忙記錄和評估我們的痛楚狀況，例如，有名為「痛楚分析」的圖表，上面列示出痛楚的根源、感覺、持續時間及止痛方法。我們對痛楚了解愈多，就愈容易把病情描述給護理人員聽，就可以愈妥善地止痛。

除了身體上的痛楚之外，我們還承受著情緒上、心靈上的痛苦。我們可以請可信賴的牧者或輔導員幫忙醫治。另外，祈禱、默想、接受指導，或者跟別人傾談，都有很大的止痛作用。泰戈爾（Rabindranath Tagore）說：「讓我別祈求幸免於難，卻祈求坦然無懼地面對苦難。讓我別乞求止痛，卻懇求有征服痛苦的信心。」經歷痛苦需要很大的勇氣，而征服痛苦、在痛苦中成長則需要更大的膽量。我們無需在沒有必要的情況下忍受痛苦。不過，當我們必須面對它的時候，可以像比爾牧師那樣，勇於經歷難忍的痛苦，帶著尊嚴跑向終點。那麼，我們將像他和許多前人一樣，蒙受祝福、獲得力量。

請聽我的禱告

親愛的上帝：如果我的痛苦是難以避免的，那麼請賜智慧給我，讓我更加了解它，請幫我向能幫助我止痛的人表達我的需要。請在我跟痛苦同行的時候給我力量，在我的路途上賜下祝福。阿們。

默想時刻

我跟醫生或護士講過我的痛楚嗎？我在經歷痛苦的同時，經歷了哪些祝福？

付諸實行

加深我對自己痛楚的了解，從而更有勇氣；在日記上記錄我的痛楚狀況和止痛方法，以便告訴護理人員。

22
走路

你必將生命的道路指示我。
在你面前有滿足的喜樂；
在你右手中有永遠的福樂。

——詩篇十六篇11節

在任何旅程中都需要走路，走路可能是指在某個仲夏的午後於湖畔漫步，也可能是指在生命的旅程中經歷每天的生活。在第一種情況下，我們需要身體的配合，也需要適當的裝束和一個目的地。在第二種情況下，我們每天都需要有意識地去做、去經歷。我們仍然可以幻想自己穿著球鞋、帶著愛犬，走在路上，或者更邁進一步，任由想像衝出身體的束縛，幻想自己走進森林，或者走在大路上，或者走在附近的小徑上，走遍生命鋪在我們前面、後面的道路。

走在路上，你不斷看見路邊的變化，有時候這些變化很細微：昨天還光禿禿的樹枝今天竟長出嫩紅的果子；樹上的葉子掉在地上，露出築在上面的鳥巢。在生命中，你每天走的老路可能被疾病截斷，你的步步為營可能因為一件喜事變為跳躍奔跑。路旁的景物在不斷地變化，它們可能令你愈走愈起勁，也可能讓你阻礙重重。

當你在凜冽的寒風中走路時，是否一心想著快點走完，然後找一個溫暖的落腳處，喝上一杯熱茶呢？你在風中瑟縮而行，一心想著自己的目的地，忘記了當下的一切。你發現自己心跳加速，呼吸急促。不過，當你愈努力地走，你的身體就鍛鍊得愈強壯。有的時候，生命中會出現這種阻力。當我們面對逆境，或者甚至是死亡時，我們更用心地體會生命的豐盛。我們可能放慢腳步，恢復一下體力，轉移我們的注意力。然後，我們甚至可以不再瑟縮而行，而是抬頭挺胸，堅定地迎風向前。我們走在生命的道路上，清醒地感受路上的一切。

在路上，跟人結伴同行不是更好嗎？有時候做獨行俠的感覺很好。不過，有人、有神或甚至有寵物同行，會為旅程增添喜樂。我們把臂同行，或者分享我們的想法，或者靜默沉思，或者拍拍寵物的小腦袋。我們彼此勉勵。俗話說：「與人同樂樂倍之，與人分憂憂半之。」這句話可以用在我們走向森林、走在大路上，或者患病的時候。就算患病在牀，我們也可以經歷一次簡單而刺激的行程，裏面充滿意想不到的驚和喜。現在就把你的球鞋留在家裏，帶著一位知己良朋和一顆充滿好奇的心上路。

請聽我的禱告

親愛的上帝：今天請陪我一起走路。請在我探索生命的未知時引導我、安慰我。請幫我充滿信心地走路，並且主動去發現身邊的祝福。請賜力量給我，讓我懷著感恩的心前進。阿們。

默想時刻

我今天需要誰來陪我走路？我們往哪裏走？

付諸實行

列出五個我的生命在過去一個月中經歷的或大或小的改變。

23 做好準備

別後悔，別怨恨，你所有的就是刻下。別動，待在這裏。只要交託。你所有的就是當下。這就夠了。

——梅樂蒂・碧媞 (Melody Beattie)

在生命中，邁向死亡似乎是難以捉摸、虛無縹緲的旅程。或者，換句話說，在死亡的籠罩之下，生命變得不可思議。當將來不會再像我們所熟知那樣來臨的時候，單調乏味的生活更顯得空虛無聊。我們不再熱中於續訂雜誌、聽聽推銷廣告、給車子加油、閱讀報紙上的長篇文章，或者收看電視連續劇。那些產品目錄、投資指南，或者甚至是換季大減價，都不再令我們雀躍。

在伊莉沙白・伯格 (Elizabeth Berg) 的小說《長眠前把話說清楚》(*Talk Before Sleep*) 中，一位名為露絲的癌症病人說：「我已經做好了一切準備，以前從來沒有現在這樣的平安。我躺在牀上，心想，也就是這樣的吧，時間剛剛好，這就去吧。然後，電話響起來了，對方問我要不要清潔掛牆的毛毯。我真的想說：『別再胡扯這些沒用的東西吧。聽我說，你得提高警覺。你平時需要說的，現在就說出來。你都不知道有些東西是多麼的脆弱！』當然啦，我跟他只說了一句：『不用了，謝謝。』」

在臨終的日子裏，我們需要說一些、做一些刻下最重要的事情。當然，有時候我們希望日子能如常運作——如果現實允許的話。喬伊斯坐在浴缸邊上，指示丈夫如何更小心地為小兒洗澡。我父親常坐在房子前的台階上，凝望他那些茂盛的蘋果樹，也許在想，以後再也不用費力氣去摘那些酸蘋果了。母親則戴上墨鏡，穿上溫暖的長袍，然後把它鋪在醫院的天井，在上面放好冰茶。她如常地招待朋友，一副若無其事的樣子。而要是輪到我呢？我將去達科他州的大草原，聞一聞鼠尾草的味道，然後再去追蹤羚羊。

然而，隨著日子的流逝，我們需要更多的時間把事情安頓妥當。我們要把淩亂的事情理出頭緒。我們也許要找專家解答我們的疑難，而我們的親友則需要知道我們愛他們、感謝他們，有些人還要向我們表達他們的愛、他們將來對我們的思念。

彼得．諾爾（Peter Noll）在《生命守記》（*The Face of Death*）中寫道：「既然我們的生命跟死亡交織在一起，我們就應該在生存的時候思想死亡。結算帳目、算清楚結餘，是有用而重要的。牧師們應該宣講清楚，死亡可以隨時降臨在任何人身上，任何人或早或晚都難免一死，所以大家都應該做好準備，到時候事情就可以更順利了。」怎樣才算是最好的準備？我們應該現在就把我們需要說的話說出來，因為時間不等人。讓我們消除怨恨，儘量少做後悔的事。我們要盡己所能地做好準備。

請聽我的禱告

親愛的上帝：我需要平安。請幫助我接受自己去日無多這一事實。請賜力量給我，現在就去說、去做我需要說和做的事情。請賜勇氣給我，去超越別人認為舒服的、有把握的範圍。請幫助我把今天當做生命的最後一天來活，也把它當做生命的第一天來活。請幫助我活在此地、活在此時，並相信這已足夠。阿們。

默想時刻

我一直有件事情想說出來嗎？

付諸實行

明確地提出一項對我很重要的請求。

24
臨終病人的權利

人面對生命或面對死亡，自有其本身的一套方式。我們怎樣面對死亡，取決於我們個人的選擇。幫助別人面對死亡，意味著允許他們用本身的一套方式去面對。我們可以等輪到自己的時候，才把自己的那套方式用出來。

——凱羅斯機構 (Kairos)

對臨終病人的護理不應該只局限於病情控制。多諾萬 (Donovan) 及皮爾斯 (Pierce) 在合著《癌症病人護理》(*Cancer Care Nursing*) 中的「臨終病人權利草案」上羅列出病人的各項權利，讓每位臨終病人都有機會了解自己在臨終前的一段日子裏應該享有的權利，這些宣言展示出我們所有人預期在臨終時享有並應得的尊嚴。

1. 我只要活在世上，就有權獲得跟平常人一樣的對待。

羅納德很希望自己能在家中去世，然而沒有人能全職照顧他，幸好醫生為他找到了一間寧養服務中心，中心義工幫他實現了他的願望。羅納德在他整潔的屋子裏有貓兒陪伴，又可以自行烹飪三餐，並享受來訪的朋友送上的鋼琴音樂。他不失尊嚴而又充滿喜樂地在家裏生活，跟平常人一樣，直到生命的最後一天。

2. 我有權緊守自己的希望，儘管它在不斷轉變。

朱莉很感激她的醫生，他從來沒有放棄她。她把他當作與自己並肩抗癌的戰友。她說：「他相信我能夠信賴他的護理，能夠儘量令自己健康，也能夠心存希望。」她的希望總是在變，但從來都沒有消失過。她本來希望獲得痊癒，後來又變成希望能擺脱痛楚，最後變成生命的延長。希望並不是停滯不前的。

3. 我有權表達用自己的方式面對死亡時的感覺和情感。

李先生一直在扮演保護、供養家庭的角色，對於自己的感覺和病情絕口不提。他告訴家人，他愛他們，但希望避免談及他的垂危。他們尊重他的意願，沒有責怪他的緘默。他們坐在他身邊，緊握著他的手。

4. 我有權不被瞞騙。

從事護理垂危兒童的人員深知道，不治之症是很難隱瞞的——孩子們能察覺到真相。其實，他們也有權知道事實，這樣可以為臨終的日子做好準備。一般來説，説出真相可以幫助病人減低對未知之數的恐懼感。

5. 我有權帶著平安和尊嚴死去。

世上並沒有「適當的」去世地點，如果我們有幸可以選擇的話，每個人的選擇都不會一樣。邁克選擇了湖畔小屋，但他病得很重，所以這項選擇似乎很難實現。一位熱心的護士跟他的醫生和當地的一家寧養服務中心一起作了一些安排。於是，他在妻子和這位護士的陪同下，躺在救護車裏來到這間湖畔小屋。他在那裏住了三個月，在窗邊盡覽湖光山色。最後，他在這個為他帶來美好時光的小屋裏去世。

6. 我有權減緩痛楚。

令人舒適的事物是人在任何旅程裏都需要的，例如是柔軟的枕頭、悦目的環境，或者是能看到景觀的屋子。我們在人生最後一程中也應該得到這些待遇，這是我們的權利。我們應該盡力減緩痛楚，清楚地説出自己的需要。我們如果需要別人幫自己過得更舒適的話，就應該説出來。

7. 我有權獲得體貼細心、而又具有專業知識的人員的護理，這些人盡力了解我的需要，並能從幫助我面對死亡的過程中得到滿足感。

露茜是一間寧養服務中心的護士，多年來為臨終病人服務。她透露了許多體貼細心、又具專業知識的護理人員的想法：「我很珍惜自己作為寧養護士的這份工作。工作雖然壓力很大，但也給了我很大的滿足感。我的父母是我的導師，在我遇到困難的時候指教我、引導我。」

8. 在接受死亡的旅程上，我有權得到家人的幫助，也有權為家人爭取協助。

十五歲的斯科特渴望跟母親在一起，卻不知道該説些甚麼、做些甚麼。護士們告訴他，母親表面上似乎甚麼也聽不見，但其實能聽見他講話。他們鼓勵他坐在母親的病牀邊，在她耳畔細語。當他説到愛她時，她的眉毛挑了一下，這使他興奮莫名。在她去世後，他仍牢牢地記著這件事，不時地跟別人分享。這就是她留給兒子的禮物。

9. 我有權不孤單地死去。

一位長者選擇為自己的死亡舉辦慶祝會，邀請所有自己所愛的人來參加。一些人選擇請親友在耳邊唱歌，或者輕撫自己，或者用禱告來安慰自己。我們可以請親友陪伴我們，讓他們知道我們的願望。

10.我有權期望不可侵犯的身體在靈魂離開後仍獲得尊重。

我們的願望一定要表達出來，別人才能知道。我們在有能力的時候，應該儘量把難於啟齒的決定說出來(例如，有關處置遺體的決定)，這可以令我們自己和親友更放心。我們應該作出充分的查詢，幫助自己做出最適當的決定。

請聽我的禱告

親愛的上帝：請賜那些容許我選擇以自己的方式去生、去死的人陪伴在我身邊。請賜智慧給我，讓我知道自己在尋求舒適和平安方面怎樣向別人提出請求。阿們。

默想時刻

我的個人權利得到了尊重和保障嗎？

付諸實行

想出一項我在被護理的過程中可以得到改善的權利，並跟護理人員分享。

25 心靈的慰藉

願生命不是卑微的，而是神聖的，
願一日如百年般長久，
是豐盛的，溢出芬芳。

——拉爾夫・沃爾多・愛默生
(Ralph Waldo Emerson)

一大早，謝麗爾倚在桌旁，望著桌子上閃爍著的燭光。燭光雖然微小，卻很明亮，點燃她的心靈，讓她積極地面對新的一天。到了夜幕降臨的時候，那燭光平伏她的心靈，帶她進入夢鄉。

我們每天都行色匆匆，感官也變得麻木，那擦過腳邊的風鈴草，那愛犬舔我們手心的感覺，剛穿過大堂的行人那張憂愁的臉，那剛摘下來的西紅柿的鮮味，那棉楊樹在風中擺動的窸窣聲，我們都沒有在意。也許現在——在我們的身體囿於屋內或牀上的時候——我們終於有閒情盡享身邊寧靜而豐富的一切。我們雖然病得不輕，但仍留存了充滿創作力的心靈。事實上，我們的感官比以前更加敏銳。

湯瑪斯·摩爾（Thomas Moore）在著作《隨心所欲》（*Care of the Soul*）中指出，所有醫院都應該設有創藝坊，讓病人畫畫、雕塑、活動一下身體，或者跟人述說自己患病及住院的經歷。他認為，心靈需要透過自己的形像，表達自己的心聲。每個人的內心都有一種對美的渴求。謝麗爾常常提出的要求，是來一個輪椅之旅，到醫院的大堂裏，觀賞裏面陳設的畫作和藝術品。對她來說，藝術是心靈的良藥。不過，我們如果沒有能力去創藝坊的話，可以做些甚麼來觸動我們的感官、慰藉我們的心靈呢？

我們可以做的事情，跟我們的想像力一樣豐富。我們可以觸動聽覺，例如在牀頭播放莫札特的音樂，隨時進入另一個偉大的空間。一位病人讓兒子朗誦並錄下她喜愛的詩句，這樣，她既可以聽見兒子的聲音，又可以滿足自己的心靈，就算在凌晨兩點鐘的時候。一座流水淙淙的噴泉座，一個水泡汩汩的魚缸，一串小巧的鈴鐺，或者一串清脆的風鈴，都為屋裏帶來悅耳的聲音。你最喜歡聽哪些聲音、哪些音樂、哪些話語呢？

一些視覺藝術活動，例如攝影、雕塑、收藏工藝品等，都可以慰藉心靈。這些藝術形式讓我們的心情平伏下來，並提醒我們，我們的生命裏仍存在著秩序、天賦和手藝。一位青年把一張海報從家裏拿出來，貼在病房裏。海報裏的主角是一名矯健的滑雪運動員，他從懸崖邊躍上天空，下面是一大片的皚皚白雪，充滿了靜謐。這張海報讓他有勇氣去忍受每天一連串的測試和治療。另一位病人在閒時弄陶為樂，在牀邊擺放了各式各樣的陶器作品，其中兩個是花盆，一個栽植著含苞待放的花兒，另一個則種了茁壯茂盛的綠蕨，映襯著柔和的燈光；其他的陶器有的盛著招待訪客的零食，有的放了新鮮水果，有的則把卡片和書信整齊地歸置起來；剩下的陶器是空的，為他的病房加添了「在地土上」的氣息。

我們也可以用感官來伸展我們的想像力，安慰我們的心靈。有時候，就算點了蠟燭，看完了一天的光影色相，聽盡了一天的喧聲鬧語，準備好睡覺了，卻良久不能入眠。我們的病牀甚至像一個籠子。躺在牀上，我們悶得發慌。院牧喬安妮·威廉森(Joanne Williamsen)建議，我們可以拓展一些對我們很重要的屬靈形像：「在腦海裏畫出一個形像。想像上帝——或者天使，或者一位熟人——站在你後面，緊抱著你。」把頭仰在枕頭上，想像它是上帝的臂膀，閉上眼睛，想像「堅實而溫柔的雙臂緊緊摟著你」。

現在就試試這個方法。放鬆地躺在牀板上，感受它的承托力。你的後背緊靠著上帝的胸膛。請靜臥不動，感覺自己的心隨上帝的靈跳動。在寂靜中，上帝的聲音臨到耳畔。細心地聆聽那柔和的聲音，從中得到安慰。放鬆全身，讓上帝抱著你度過長夜。

請聽我的禱告

溫柔的聖靈，請撫慰我的靈。請打開我雙眼，讓我看見；請打開我雙耳，讓我聽見。我想感覺到祢與我的同在，請讓我盡全力享受祢的同在。請幫助我珍惜每分每秒，直到最後一刻。阿們。

默想時刻

我的心靈渴望甚麼？

付諸實行

享受一些能觸動我感官的事情，藉此慰藉我的心靈。

26
起舞

你已將我的哀哭變為跳舞，
將我的麻衣脫去，給我披上喜樂。
——詩篇三十篇11節

年邁的米莉患有嚴重的糖尿病，住在護老院，沒有家人。她有點智障，不太能掌握抽象的概念，不過，有些東西她卻知道得很清楚——她對牧師前來探望的次數了然於心。每次他來，她都迫不及待地告訴他最近的要聞，就是最近老人院裏又有誰去世了。有一次，她拽著牧師的衣角，把他拉近身旁，悄悄地在他耳邊說：「沒有一個人能活著出去。」

她說得的確沒錯，沒有一個人能活著走出生命，至少就地上的生命而言。我們都免不了一死，死並不是對身患「絕症」的人的詛咒。在現實中，生命總有終結。出生後的最終歸宿便是入死。無論是醫生、統計數字，還是我們自己，都說不準我們的命有多長。父母的命可能比子女還長，病人的命可能比他們的醫生還長，需要洗腎的中年婦女可能比健壯的運動員更長命。

在多年的教育和薰陶下，我們不斷避免談論或者接受死亡、疾病和痛楚。事實上，我們的社會想方設法地對付死亡、疾病和痛楚，我們把生命浪費在盡力逃避負面的、致命的、垂危的事情上面。然而，這樣做可能弄巧成拙，令我們受的傷害更深。挑戰、疾病和危機正是我們人生最偉大的老師。我們都知道，只有在苦難的時候，我們才會把自己的潛力發揮出來，才更體會到多麼需要彼此的扶持，自己多麼的軟弱乏力。往往在這個時刻，我們才開始追求更強力量的泉源。我們如果能把生命和它裏面的一切看成是一個過程的話，也許就能夠真正交託，甚至起舞。

一個身患絕症的病人真的能起舞嗎？尤其在她認為沒人關心她、沒人耐心等候她的時候？或者在她自己也等得不耐煩的時候？許多精神領袖和醫學專家都認為，生與死只是過道而已，地球是我們上課的地方。多年研究死亡和臨終的專家伊莉沙白．庫伯勒-羅斯說：「我們在完成了人生的學業、通過了人生的考試之後，就可以畢業。」因此，我們如果仍在等待畢業的階段，像米莉在護老院中那樣等待的話，可以想一想還有甚麼沒有學會、沒有教曉別人。有時候，我們甚至不知道自己是學生還是老師。我們一邊學一邊教，而身邊的人默默地記住我們所做的、所說的。米莉不知道，那位牧師在以後的日子裏，都回憶起並思索著她的話，並且跟別人分享。我們學習，我們教導，然後畢業。

伊莉沙白 · 庫伯勒-羅斯説，死亡讓我們「擺脱禁錮靈魂的軀殼，就像蝴蝶脱離裹著牠的繭一樣。等時間到了，我們就可以御風而去，不再痛苦，不再畏懼，不再憂傷……就像飛回上帝懷中的蝴蝶一樣，自由自在。在那裏，我們繼續成長，載歌載舞」。

我身患絕症，如何能起舞？
你提問的時候，音樂已經響起。
你的反思已經令你起舞，
你的反問就是你的答案。
你説「一定另有辦法」的一刻，
已經擁有了另一個辦法。

——《以馬內利之書二：對愛的選擇》
(*Emmanuel's Book II: The Choice for Love*)

請聽我的禱告

令人舞蹈的主，在我生命如此緊迫的時候——如腳趾擠在繃緊的鞋尖的時候——祢怎能叫我動彈？我怎能起舞？請幫助我聽見悠揚的樂聲。請不斷幫助我，讓我感覺到手指尖、腳趾尖的節拍。除此之外，請鬆開我心靈上綁著的重擔，給我披上喜樂。阿們。

默想時刻

我今天是學生還是老師？

付諸實行

跟自己複述並相信上文詩句所說的：「一定另有辦法」。

27

身體護理

你要大大張口，我就給你充滿……
我也必拿上好的麥子給你們吃，
又拿從磐石出的蜂蜜叫你們飽足。

——詩篇八十一篇10、16節

一提起醫院，人們往往聯想到索然無味的飯食，而且在那裏，一切都是消毒過的，燈光明亮得有些刺眼，走廊裏很吵鬧，醫生們每天忙於安置病人，忙於開出最具療效的藥方。然而，他們開出的藥物可能跟病人真正需要的背道而馳。事實上，醫院、療養院或者病房往往提供不了我們受傷的身體所渴望得到的東西。

病人的胃口轉差是很正常的事。我們有時候不想吃正餐，卻很想吃幾口別有風味的食物。雪莉就很饞新鮮蘆筍的滋味，丹尼則掛念著母親親手烘製的麵包。他們只需要吃上幾口，就心滿意足了。外面的巧克力奶昔總比醫院裏提供的更有吸引力，一杯加了檸檬片的熱茶，或者一杯紅酒，都能促進食欲。前往醫院外的餐廳晉餐，雖然費很大力氣，但既能促進食欲，又能振奮心情。現在就喚醒你的味蕾吧。有哪些食物可以滿足你呢？

你病得下不了牀的時候，可能一直用洗頭粉乾洗頭髮，但是，水在皮膚上流動的感覺是難以取代的。溫和的肥皂水沿著後背流下，不但能帶來樂趣，也能安慰、平復我們的身心。雖然走到浴室要花很大的力氣，但一個溫水澡能撫慰不安的心靈，讓暖和的水流按摩乏力的四肢，輕撫脖子，擁抱肩膀，輕吻身體的每一處神經和囊孔。溫水輕輕流過耳廓，流入心田，滋潤著乾渴的皮膚，就像柔絲一樣。你再往水裏加一些浴鹽或者清香的浴液，就更能提高身體的享受。

除了溫水以外，輕柔的布料和雙手也可以按摩我們的身體。我們可以把牀當作浴室，讓我們的後背、肩膀、頸項、雙腳都享受到按摩，再塗上一些飄香的潤膚膏，讓我們的身體享受個夠。我們如果長期住院，可以讓家人把我們自己的枕頭，把我們喜歡的毛毯、被子或者睡衣帶來。輕柔的布料不但給我們舒服、熟悉的感覺，更為病房增添了溫暖的色彩。我們也可以把刺眼的牀頭燈換成光線柔和的圓壁燈。

毛茸茸的小動物伸舌頭舔我們，那種感覺可以使我們的身心平復下來。亞當在深切治療部裏遭受著肝臟排斥之苦，由於血管裏流滿毒素，他神志不清，只剩下一點知覺。有人帶來一隻退役的金毛獵犬來探望他。護士讓獵犬爬到椅子上，好讓亞當能看見牠，那獵犬低頭舔亞當的手。亞當有足夠的知覺認得出這條狗，並表現出一些興趣。有些病人往往一看見來訪的狗犬，便把頭埋在牠們的毛裏，樂在其中。小動物的到訪讓焦慮的心變得更振奮、更開朗。

音樂治療也可以消除身體的壓力和疲勞。病人如果在家療養的話，可以選擇自己心愛的樂曲，或者叫朋友找一些舒暢輕鬆的音樂來播放。有些醫院提供各類的音樂錄音帶或光碟，也有些醫院贊助樂師(例如豎琴師)前來探訪病重的人，安撫病人及家屬的焦慮情緒。那悠揚的弦聲可以降低血壓和血糖水平。

有時候，身體並不需要安全的醫院病房提供的那種保護和隔離，而是需要大自然。有一天，亞當服藥後，坐在輪椅上由妹妹推到戶外。他感受到峽谷漫過來的涼霧，拂面的清風，聞到空氣的清新，又欣賞到紫白相間的蝴蝶花。

讓我們放開懷抱，咬一口爽脆的梨子，或者逗一逗毛茸茸的小狗，深深吸一下紫丁香的芬芳，或者感受溫水在肌膚上流過的柔和。如果有需要，我們可以請親友幫助我們。他們巴不得有機會幫我們，也不情願滿臉惆悵地呆坐在我們身邊。現在就行動，讓我們教他們為我們打氣吧。

請聽我的禱告

親愛的上帝，只有祢最了解我身體的不堪，我需要祢溫柔的提醒，讓我弄清楚今天怎樣能達到我所需要的滿足感，甚至是快感。請賜勇氣給我，使我能作出振奮生命的請求。阿們。

默想時刻

我的身體在渴望甚麼？

付諸實行

享受一下能滿足身體的感官的事情。

28

寧養中心

我們在乎你，因為你就是你，直到你生命結束之前，我們都在乎你。我們將竭盡所能，幫助你帶著平靜的心離去，也幫助你在離開前的日子裏好好地活著。

——西賽莉．桑德斯夫人 (Dame Cicely Saunders)

在理想的境界裏，我們能公開地談論死亡，能跟家人討論我們自己的死亡問題，話題除了關係到遺囑、遺產分配、委託授權、保險索償、家眷供養之外，也涉及到自己個人的關注，例如，臨終護理的意願、器官捐贈、葬禮安排等。然而，在今天的現實社會裏，死亡往往是大家絕口不提的禁忌，一直等到非提不可了，卻也為時已晚了。到了那個時候，我們突然要被迫面對自己的不治之症，或者是親人的離世，我們目瞪口呆，不知所措。

寧養服務中心給我們每一個人帶來希望。第一間寧養中心於一九六〇年代在英國創立。如今，現代化的寧養中心給臨終病人帶來更全面的照顧，既有專業的痛楚緩減護理，又給予病人高度的自主權，並促進家人的支持，使病人可以在去世之前的日子裏真正地生活。寧養中心給不願在醫院度過餘生的病人提供了另一種選擇。寧養中心並不是一個場所，卻可以在多種場所裏發揮功用。大部分病人選擇在家裏享受寧養服務，也有人使用寧養中心在醫院和療養院裏預留的牀位，以及遍佈各地的寧養設施。也許有些人因被轉介到寧養中心而感到失望，但成千上萬的病人的親身經歷卻印證了相反的觀點。如今，僅在美國和波多黎各兩國，就有約二千五百個寧養服務中心，不分年齡、種族、身分、收入，為臨終的成年人及兒童提供護養服務。寧養中心帶給我們在臨終前好好地活著的希望。

伊迪絲想回家，因為斷斷續續在醫院裏住了好幾個月。醫生用試管餵食，並且開出各種藥物，以為能令她更舒服一些，不過，最後經伊迪絲的同意，他只好停止了緩減病情惡化的療程。伊迪絲很想家，覺得很累，又很想念曾與妹妹同住的那個位於地庫的家。護士注意到她悶悶不樂，沉默寡言。後來，一位社工提議把她轉介給寧養中心，醫生同意了。

伊迪絲決定回家了，但並不是毫無顧慮：回家後的護理會不會減少了？她和妹妹怎樣應付複雜的療程和服藥時間表？醫生仍然會跟進她的病情嗎？誰來家裏提供醫藥服務？又由誰來付錢呢？

她開始搬回家的時候，首次接觸到寧養中心的服務：中心的護理人員把從醫院運來的病牀全部拆散，再逐件透過地庫的窗戶搬進屋裏，然後按她的指示在睡房裏裝置妥當。伊迪絲帶著自己的物品舒服地安頓下來，腳邊有可愛的貓兒，身邊有她的妹妹。她跟寧養中心的護士和社工進行面談，他們問了若干的問題，使她意識到自己和家人是備受關懷的。護士鼓勵伊迪絲主動做出選擇，務求享受到最好的醫療護理。在家裏，她的病得到跟在醫院裏一樣的治療，由醫生和其他專業人員負責，他們還在她家裏為她提供心理、社交和靈性上的支持。他們向她保證，她舒適與否是他們最關心的事情。在剛搬回家的一段時期裏，護士們每週來探訪一次，後來，探訪的次數愈來愈多，他們可以一天二十四小時內隨時前來提供服務。伊迪絲的牧師常常來訪，訓練有素的義工也前來幫助準備膳食，跟她攀談，又在她家人需要騰空出去辦事的時候，替他們守在家裏幾個小時。社工又讓伊迪絲放心，一旦伊迪絲離世，他們將按她的意願繼續來她家裏，探訪她妹妹，提供為期至少一年的哀傷跟進服務。伊迪絲放鬆了心情，安心地享受著在家的日子，她的朋友隨她的意願來訪或辭別。她既過得舒適，又能掌握自主權，在充滿愛和關懷的氣氛下度過每一天。

寧養中心並不會催促伊迪絲邁向終點，也不會拖延她的腳步。她在家裏過了三個月，最後平靜地去世，當時有中心的護士(已成為她的朋友)、妹妹、牧師和貓兒陪伴在側。她不用插管、打針，也沒有輔助儀器、顯示器，圍繞在她牀邊的是家人的照相簿、鮮花、輕柔的音樂，以及摯愛的親友。在寧養中心的悉心照料下，伊迪絲帶著尊嚴離去。

請聽我的禱告

親愛的上帝，我應否考慮採用寧養中心的服務呢？請幫助我和家人為我的護理做出明智的選擇。請賜我周到而體貼的護理人員，讓我可以保持自己的尊嚴和權利，直到我去世的一刻。阿們。

默想時刻

我可以選擇哪些護養服務呢？我現在的舒適程度和生命素質令我滿意嗎？

付諸實行

勇敢地跟家人或護理人員商議一下，應否選擇寧養服務。

29
精神

靈魂無生無滅，既存即已永存。

太初無生永生，雖身毀而不毀。

——博伽梵歌 (Sacred Hindu) 正文

我母親雪莉得知自己在臨終前的幾個星期裏要跟別人共處一室時，心情有些忐忑不安。她想回家，想擁有一個安靜、舒服的私人空間，度過剩下的日子，然而，這很難辦到，而醫院腫瘤科的私家病房也滿了。沒辦法，她聳了聳肩，決定「接納」陌生的房友，反正她們跟她的情況不一樣，在醫院住一段日子就會搬走。

在先後與雪莉同住的幾個房友中，安妮身體復原得最快、最富有愛心，她很幽默，常令雪莉開懷大笑。一天晚上，雪莉進行完療程，接待完訪客，忙了一整天後，累得很想躺下來休息，但在一個鐘頭後，她卻跟安妮一邊啜著果汁，一邊為週日的籃球比賽打賭，她們已經決定收聽那場賽事。她們飽滿的精神使整個病房都活潑起來。

安妮使雪莉學會開懷而笑，學會享受生命每天提供的恩典，而在安妮這位中轉病人看來，自己得到了生平在醫院中建立的最珍貴的友誼。

雪莉的最後一位房友是比她老的瑪莎，她耳朵不太靈，說話聲很大，經常還沒閉電視就睡著了。在這段日子裏，雪莉已經需要別人攙扶才能起牀了，並且沒有胃口進食。儘管她身體虛弱，瑪莎又噪音不斷，她們後來漸漸能互相扶持起來，在對方需要的時候為對方叫護士來，又常常一起聊到深夜。一天上午，瑪莎的兒子約翰來訪，雪莉突然怒眼圓睜，把他嚇了一跳。她跟他說起心理醫生早上來見瑪莎的事情。她細數那個「粗魯而匆忙」的醫生的不是：「他一點也不尊重你媽，把她當傻瓜一樣盤問。」她緊皺雙眉，氣憤地說：「你媽氣壞了，說拒絕回答他那些傲慢無禮的問題，他竟然說她耍小孩脾氣。他的態度自大得不得了，你媽真不該受這種欺負。」

聽完了雪莉的憤聲疾呼，約翰決定另請醫生來幫助母親做心理健康評估。他從雪莉的見證中聽到了上帝的聲音，覺得更輕省、更樂觀、更有力了，而雪莉則喜見自己仍能影響別人的生命。

雪莉雖然在臨終的幾個星期裏身體每況愈下，但仍然精神飽滿，神采奕奕。她能開懷而笑，跟房友打賭，又能義憤填膺，為別人打抱不平，的確令人驚歎。其實，我們的靈魂比身體更堅強，這沒甚麼值得大驚小怪。在很多真人真事中，病人都出乎意料地痊癒或活得超過所預期的，他們靠的就是不屈不撓的精神。

　　我們雖然是臨終，但仍然在生，仍然有時間去歡慶，去感受平安、哀傷、憂慮、憎惡或者憤怒，去愛，去關懷別人。

請聽我的禱告

偉大的聖靈，我在不如意的時候——甚至在順利的時候——很難平衡自己，使自己保持最低限度的興趣或希望。請幫助我盡力而為，在我需要的時候，在其他人意想不到的時候，可以振奮精神。請讓我記住，祢的靈永遠駐守在我的靈裏。阿們。

默想時刻

我有沒有想過，我的靈不但能振作精神，更能勝過肉體？

付諸實行

介入另一個人的生命裏。

30 要務當先

凡事都有定期，

天下萬務都有定時。

生有時，死有時；

栽種有時，拔出所栽種的也有時；

殺戮有時，醫治有時；

拆毀有時，建造有時；

哭有時，笑有時；

哀慟有時，跳舞有時；

拋擲石頭有時，堆聚石頭有時；

懷抱有時，不懷抱有時。

——傳道書三章1至5節

我們常常聽見這個問題：你如果一早知道今天是你生命的最後一天，會馬上改變一貫的生活方式嗎？你的當務之急會是甚麼？哪些事情你會覺得最重要？我們平時身體無恙、死亡似乎還遠在天邊的時候，是不會特意思考這些問題的。在平凡的生活中，微不足道的事情可能一下子演成巨變，我們在驚覺自己生命有限時，才打醒了精神。突然之間，生命蒙上了新的意義，死亡促使我們重整生命的緩急輕重。

二十年前，朱迪的兒子死於白血病，享年只有十七歲。朱迪現在仍清晰地記得他在臨終的日子裏如何為自己安排生命的優先次序。朱迪說：「我盡力地維護他『發號施令』的權力，我很難形容這是多麼的重要。他在家中靜養，我就像一頭母狼一樣，不顧一切地保衞著他。他指名道姓地說清楚想見誰，沒有他的許可，誰也別想進去。他列出自己的首要事務，我們也尊重他的決定。在那段日子裏，能讓他掌管自己生命的主權，是非常重要的。」

朱迪的兒子能堅守原則地遴選訪客，你也需要堅定地說出自己臨終的要務，不用道歉，也不用解釋，而你身邊的支持者可以像朱迪對兒子一樣，幫助你把這些決定付諸行動。有時候，這可能會令人尷尬或者難堪，別人可能猜你想自作主張，卻又不了解其中的原因。你要跟死黨聚首，並要擁抱你最珍視的人。時間寶貴，別為了說出自己的意願而覺得不好意思。

在某一個聖誕夜裏，傑克知道自己剩下的日子屈指可數。他把愛妻、兒女和孫子聚集在自己身邊，共度自己生命中最後一個佳節。他一生務農養家，體魄強壯，不需要倚賴別人。他知道這天晚上的聚會是特別重要的，是最後一次的大豐收，是滿載回憶和愛的豐收。就在晚餐開始之前，有人敲門，傑克的妻子安妮跑到大門口，然後回到他身邊告訴他：「是安格斯，該不該把他打發走？」安妮是丈夫的護衛，在他病中為他捍衛所選擇的要務。傑克疲倦的眼睛裏映著餐桌上的燭光，兩歲的孫兒在地上玩著玩具拖拉機和犁。傑克輕聲說：「讓他進來。」

安格斯比傑克小二十歲，身材高佻，性格文靜。他充滿敬意地走進這個神聖不可侵犯的家，似乎明白能在這個重要關頭進來是一種榮幸。他穿著西部牛仔靴，淺褐色的羊毛長外套，手裏握著黑色的牛仔氈帽，侷促不安地站在傑克面前，屋裏的人全都靜默無語。安格斯打量著傑克，傑克也同樣端詳著安格斯。收音機傳出悠揚的聖誕音樂。烤爐的計時器響了起來，火雞已經烤好了。然而，屋裏的人仍然靜默不響。傑克和安格斯之間有一段複雜的恩怨，他們都記憶猶新，但都選擇不再舊事重提。他們以前的相處稱不上融洽，但如今，安格斯的眼神反映出他的尊重，也反映出他難以相信一位強壯如斯的人竟然步向死亡。傑克一句話也沒說，向安格斯點了點頭，便躺回椅背上，閉上雙眼。安格斯歎了口氣，環視了屋裏的安妮和家人，然後默默地離開了。這晚是團聚擁抱的時刻，由傑克擔任總指揮，他慷慨地打開了自己的圈子，讓最後一個人進來道別。在安格斯走後，他把自己的優先權握得更緊了。

臨終的病人常隨著死亡的逼近而收緊自己的圈子，這個圈子愈收愈緊，最後可能只剩下位於圓圈中心的病人本身。以前會歡迎鄰居和同事來訪，現在可能只選擇最親密的朋友和家人留在身邊。我們按需要縮窄自己的圈子，其實是一種愛的表達。我們只有自己才最了解對自己最要緊的事情，可以去選擇擁抱或者不擁抱別人。凡事都有定期，天下萬事都有定時。我們自己對事物界定的意義決定了我們臨終時選擇的要務。讓我們現在就擁抱當下最要緊的事務，明白自己甚麼時候需要安寧。

請聽我的禱告

創造萬物的主，感謝祢賜下恩典，讓我重整生命的緩急輕重。在我面對死亡的日子裏，請幫助我分辨何為當務之急，請給我所需的主權，去選擇擁抱能帶給我平安的人。阿們。

默想時刻

誰可以深入我的圈子讓我擁抱？我現在需要拒絕擁抱一些人或一些事嗎？

付諸實行

允許我自己作主，安排我生命的緩急輕重。

31

回憶

我卻不忘記你……看哪，我將你銘刻在我掌上。

——以賽亞書四十九章15至16節

我們每個人都希望自己的生命是有價值的，希望親友會記掛我們，想念我們。在我帶領的悲傷兒童支援小組裏，有一項最受孩子們歡迎的活動，就算是最害羞、最不合羣的小孩都樂於藉這活動跟大家分享的：我們讓孩子們為下一次聚會作好準備，把能喚起他們對已故親人的回憶的事物拿來跟大家分享。他們不管年齡有多大，喜不喜歡跟人相處，都會一起眼睛發亮，交頭接耳地說：「我要把媽媽的照片拿來」或「爺爺把他的手錶給了我」。這個學習過程可以讓他們意識到，回憶和愛是可以留存的，彼此之間的分享可以幫助自己撫慰心靈的傷口。

一週後，我們舒服地坐在一起，一邊喝果汁、吃曲奇餅，一邊開始分享。我問：「誰想先分享啊？」七歲的薩拉把父母的結婚照展示給我們看，十二歲的喬希自豪地拿出一個舊鞋盒，裏面裝滿了父親參加游泳比賽時獲得的獎章，上面繫著紅、白、藍的三色絲帶。

十歲的邁克爾雙手插在衣袋裏，盯著地板。我輕聲問：「邁克爾，你帶了甚麼東西來分享啊？」孩子們可以自願選擇回不回答問題。他忸怩地笑了笑，聳了聳肩，說：「我甚麼也沒帶來，不過，我爺爺教過我搖耳朵！」話音剛落，他便搖起耳朵來，把我們都逗樂了，他慢慢地搖，帶著節奏，我們不禁邊笑邊鼓起掌來。此時此刻，爺爺的音容笑貌在回憶中鮮活起來，不但反映在邁克爾的故事和笑容裏，也呈現在我們在坐每個人的想像和內心裏。

里徹．李．瓊斯（Richie Lee Jones）曾經說過：「沒人知道自己甚麼時候已經編織了回憶。」我們無論身處生命中的哪個階段，都會樂於知道，親友將因某些烙在記憶中的美妙時刻而記得我們，愛著我們。

請聽我的禱告

親愛的上帝，請讓我所愛的人把我永遠留在他們的記憶裏。請幫助我今天繼續編織將烙在記憶中的時刻，並幫助我記住，往往不起眼的小事最容易烙在記憶裏。阿們。

默想時刻

我想給別人留下怎樣的記憶？

付諸實行

跟所愛的人一起編織一段深刻的回憶。

32
承傳

回憶所承載的是我們的過去，是我們跟所愛之人在一起的片段，但卻不能預測我們單獨一人能成就甚麼。不過，沒有人是孤獨的，人就算離了世，也往往在我們的思緒、言談之中再現，他們的所做所為已編織在我們的生命之中。

——猶太禱辭

回憶是妙不可言的，它把我們從斗室之中釋放出來，讓我們在令人懷念的時空之中翱翔。拉爾夫·沃爾多·愛默生說，死亡促使我們檢視生命。無論我們的生命是長還是短，有子女還是沒有子女，是充滿曲折還是簡單平凡，我們都可以檢視生命，看看我們生命的承和傳：我們以前從上一代繼承了甚麼，我們將來可以給下一代留傳些甚麼。

路德米拉的兒子湯姆猶豫了很久，不知道是否應該把那份禮物送給母親，怕她不但不會高興，更會觸景傷情，為自己將來所失去的而傷感。他凝視著手裏的照片，是七名子女、十二名孫兒的大合照。在照片裏，小馬修抓著他哥哥的雙臂，顯示出對短暫地失去自由而不滿；高佻的約翰把手搭在他姐姐的肩膀上，姐姐的臉有些繃緊，似乎被她的兒子壓得透不過氣來；他自己和其他兄弟姐妹則頑皮地衝著鏡頭笑。湯姆拿著照片走進母親的病房。

路德米拉坐在牀上，神情悵惘，看上去虛弱而蒼白，跟幾個月前還生氣勃勃的樣子判若兩人。湯姆把照片放在母親手裏，說：「媽，我帶了一件禮物給你，希望你喜歡。」

她低下頭端詳那張照片，臉上露出笑容。她仔細地看著，湯姆看見她的眼光把照片裏的人逐個掃了一遍，一副全神貫注的樣子。然後，她靠在牀背上，閉上雙眼，把照片抱在胸前。「湯姆，謝謝你。」在以後的日子裏，她常常看那張照片，臉上總是掛著笑容。

那張照片裏呈現的是她留傳下來的遺產，豐富而充滿生機，綿延不絕。路德米拉自知將不久於人世，然而她的生命將在子孫的生命中延續下去。她看著照片中自己的後代，知道自己已經圓滿地完成了任務，而這些人在她的影響下，將來會在世上留下印記。她希望他們每個人都能為社會作出貢獻——這個希望能實現的機會很大。

路德米拉也可能在想著上一代，想著她自己從父母和祖父母處繼承下來的遺產：外祖母從故國長途跋涉來到這裏……母親在流行感冒的肆虐下生存下來……她自己在大蕭條時的艱苦奮鬥。最後，她的子孫加入這個大家庭裏。

承傳也可以是小規模的。瑪麗安已年屆八十，仍清楚記得一樁童年往事。一天，在她又發了一陣脾氣之後，母親氣呼呼地對外祖母說：「我真不知道該拿她怎麼辦！」七十五年後的今天，瑪麗安仍記得外祖母當時說的話：「她會沒事的。小孩子沒性格我才不喜歡呢。」瑪麗安說，這句話在以後的歲月裏不斷地鼓勵著她，在她最需要的時候給她勇氣和信心。其實，瑪麗安的外祖母可能也沒有想過自己留傳下來的小禮物竟有這麼大的威力。

請聽我的禱告

親愛的上帝，當我無法入睡、擔心自己的情況時，請讓我想起已融入我生命、影響著我生命的那些人。請幫助我看清楚自己可以做出的貢獻。雖然我的記憶可能短暫，我的理解力有限，但請提醒我，我留傳下來的財產是豐厚的。阿們。

默想時刻

我說過的哪些話、做過的哪些事可以成為我遺產的一部分？

付諸實行

回想一下某人影響我生命的行動或話語。

33 未了的事

當生命變得短暫，我們可以走出去幫助垂危的人。我們可以提供方法，幫助他們跟這個世界道別，準備迎接下一個世界。

——母親專用靈修聖經

貝特茜就要搬家了。晚上，她睡不著，心裏想著要處理的事情：母親的古董瓷器櫃應該放在新居的哪個房間，車庫的貯物空間是否夠用。白天，她致電給朋友，安排早餐和午餐聚會，跟他們一一道別。她寄出地址更改通知書，又致電給送報紙的公司、水電煤氣公司和垃圾收集公司……她在搬家前要做的事情似乎沒完沒了。

跟我們自己或親友要面對死亡的事件相比，上述的生命轉變就變得很微不足道了。要在生命中最艱難的時刻裏同時顧慮很多未了結的事情，會令我們不知所措。應該從哪裏開始著手打電話、整理清單、跟親友道別呢？或者更確切地說：「應該如何著手呢？」

未了的事是因人而異的。身為銀行家的傑克是個務實的人，開始著手查核自己的財務狀況和遺囑事宜，並且確定保險和委託文件已經妥善簽署和執行。他的妻子和律師朋友都能在這些細節上幫助他。一位年輕的母親在丈夫的幫助下，用攝影機來完成未了的事。她寫下對子女將來的期望和夢想，然後流著淚勇敢地面對攝影機說出自己的想法，希望孩子們將來長大、更明白事理後，看她的錄影帶。藉著相冊來回想、回顧自己的生命，也是跟所愛之人一起完成未了之事的一種方法，這不但讓我們重溫舊事，也把我們生命的點滴深深紮根在摯愛親友的腦海裏。我們也可以透過信函與所愛之人傾吐心聲，話別雖然是痛苦的，但有助於表達我們的感受，例如是關愛、感激或離別之情。

有的時候，我們需要用一種特別的方式道別。湯姆對自己養的牛有深厚的感情，他每天飼養、照料牠們，並給其中一些牛取了名字，只有他知道兩頭紅白斑駁的牛之間的分別。他在去世前幾天，叫兒子帶他去看那些牛。兒子們把重病的父親扶上車，用枕頭墊著他的身體。路途不算遠，他跟自己的牛羣見了最後一面，並且道別，完成了未了的心願，心裏充滿了喜悅。兒子們也為能給父親這個禮物而高興，對幫助他完成未了的事留下了深刻的回憶。

我們此刻想的也許是完成多年來的心願。我的朋友凱兒參加了跳舞課程；傑克踏上了人生頭一遭的熱氣球之旅。有些未了的事不可能計劃周全地去完成，不過，意料之外的事情可能為我們帶來完滿的祝福。《鄧恩郡時報》(*The Dunn County Herald*) 上登了一張照片，裏面是新年第一個出生的嬰兒，她的祖父是長期病患者，剛好於同一天去世。照片下的一行字寫道：「貝．李出生兩小時四十五分鐘後，祖父戴維去世，他在臨終前見了她並抱了她。」還有比這更完滿的未了之事嗎？

在美國，有一個「美夢成真基金」的組織，讓成年的絕症病人實現美夢(另外還有一個為兒童設立的「許願基金」)。在「美夢成真基金」的小冊子上，寫著組織的使命：「讓絕症病人的臨終日子充滿平安和滿足。」組織定期安排一些家庭聚會，幫助一些病人到夢寐以求的地方旅遊，或者把擁有同一夢想的病人聯繫在一起。他們的任務，是幫助臨終病人釋懷，帶著平安和滿足上路。

你有甚麼未了的事嗎？你需要跟別人改善關係嗎？你需要感謝別人嗎？你有實質的事情需要在安息之前處理嗎？你的臨終心願可能是完成一些只有你自己知道的未了之事。你可以在親友的支持下，說出這些事情，然後著手去完成。勾掉你清單上已完成的事，感受那種平安和滿足感。

請聽我的禱告

親愛的上帝，我有很多未了的事，請幫助我把它們按緩急輕重排列出來。請讓我所愛的人來到我身邊，幫助我與這個世界道別，準備好進入另一個世界。阿們。

默想時刻

在我「未了的事」的清單上，哪幾項列於最前面？

付諸實行

完成清單上的一件未了的事：透過寫信或者打電話，帶著愛意跟某人道謝、道別。

34

聚會

從這裏延伸出去的是汪洋大海，偉大的探險之旅由此展開，只有它緊扣著人類的好奇心，只有它能衝向渴望之顛。讓我們把死亡看成是生命的其中一種形態，一種我們難以理解的形態；讓我們以看新生命的眼光來觀察死亡。不久，我們的思想就可以貼近墳墓的脈搏，像欣喜地歡迎新生命那樣期待死亡。

——莫里斯·梅特林克 (Maurice Maeterlinck)

阿拉斯加村落裏的族人把死亡和垂危看成是生命的自然定律，他們在臨終的日子裏扮演主導的角色，似乎憑直覺知道自己的生命何時終結。他們很少人需要醫生告訴自己時日不多，而是很容易、很自然地走向人生的最後階段。一位名叫老薩拉的婦人便非常積極地為自己的臨終作出籌劃。

默里·特里斯 (Murray Trelease) 神父在一九六〇年代在這個村落裏事奉，把老薩拉死亡前後的事情記錄了下來。老薩拉請默里神父到村裏去，於是他帶著她四名家人在指定的日子到達村裏。在那天，已經有很多人聚集在這位德高望重的長輩家裏。默里神父在紀錄中寫道：「第二天，她為所有家族成員祈禱。到了中午，我們在她家裏舉行了盛大的感恩祭，一起唱詩祈禱。老薩拉享受著聚會的每一刻，跟我們一起唱歌祈禱，在整個過程中都精神奕奕。歡慶過後，我們離開她家。當晚六點鐘，她與世長辭了。」

默里神父憶述道，在接下來的兩天裏，全村人一起處理薩拉的身體，打掃她的房屋，做了一副棺材，在冰封的土地上挖了一個墓穴，並且烹調了大量的食物——其中大部分是薩拉為此事準備的。

整村的人擠在教堂裏參加薩拉的葬禮，然後把靈柩送進墓地，最後一起參加盛宴。

對於跟老薩拉一樣面臨死亡的病人，我們常常會問：「你覺得還好吧？」但實際上，他們真正想聽的卻是：「我可以為你做些甚麼？」他們如果真的聽到這個問題，可能會給我們一個清晰、創新而又堅定的答案，使我們詫異不已。以我自己為例，我就不會只是躺在牀上問自己是否感覺還好，而是會做些別的事來讓身邊的人吃驚。我打算列出我想邀請的人的名單，開出一張購物單，準備開一個聯歡會，裏面充滿美食、音樂、歡笑和暢談，此外還有我的病牀，就擺在這一切的正中央。我也打算模仿一位病人，他參加了朋友的葬禮，聽盡別人對他朋友的稱讚，於是決定自己也應該在有生之日聽見別人的讚揚。他也的確做到了，邀請家人和朋友來參加自己仍在生時舉行的喪禮。我也想像喬伊斯那樣，當丈夫婉轉地問她是否喜歡某類聖詩時，她說：「這是我的葬禮，所以裏面唱的詩歌應該由我來挑選。」我也想像丹尼斯那樣，告訴朋友穿牛仔褲和運動服來參加他的喪禮，因為喪禮在瑪麗亞湖州立公園裏舉行，那是他喜歡的地方。他又說，他自己到時候也會身穿牛仔褲和運動服。

其實，我最想成為老薩拉，她直到最後一分鐘仍然控制大局，抓緊時間祝福所愛的人。她直覺地知道自己的死期，安排了熱鬧的聚會，給自己送終。有很多類似的故事，描述了垂危之人可以在某程度上控制死亡來臨的時間，他們要等到見過了某人或看見了某事發生以後，才撒手塵寰。只有在心事已了的時候，他們才願意，甚至是故意地死去。

如果我們規劃了某一種形式的聚會，結果會是怎樣的？除了我們本身慶幸可以主持一次莊嚴而有紀念意義的集會之外，在場的來賓也可以有更多的反思，例如，想到自己更全面地參與了生命的各個階段——不僅參加了初生和生命之中的各大慶典——也參加了為生命的終結而設的典禮。

請聽我的禱告

親愛的上帝，我想走出自己的框框，去給別人帶來一些溫暖。我想擁抱別人，並且撥出時間和空間把愛的禮物送給別人，同時接受別人的禮物。請賜力量和聲音給我，讓我能出席聚會，並在聚會中發言，把回憶、祝福和信心帶給我、帶給別人。阿們。

默想時刻

我會籌劃哪種形式的聚會(不論規模大小)？

付諸實行

想出幾個我想邀請他們進我病房來的人。

35
醫治

任何人都能施行醫治，只需要一個笑容、一雙細心聆聽的耳朵、一雙溫暖的手……就是這麼簡單。我們常常忘了，其實醫治者不是別人，正是我們自己。

——無名氏

伊莉沙白的手指在針織毛毯的邊沿上顫抖著，跟她相濡以沫半世紀的丈夫湯姆斯坐在她的病榻邊，默默地注視著她。自從他倆當年立下盟誓以來，他一直陪伴在她的左右，無論是順境或逆境、健康或患病，他都在供養她、保護她，而她也一直在愛護他、關懷他。到了現在，他難過以極，眼睜睜地看著她的身體在過去幾年裏慢慢衰退。老年癡呆症不但在折磨著她的意志，也侵蝕著她的身體。他每次從護理院的病房裏走出來後，都祈求上帝醫治她，或者至少是減輕病情——她愈來愈不像那個他多年來一直了解、深愛著的妻子了。今天，像往常的幾年一樣，就算有上帝的同在，他對她已經覺得愛莫能助了。

不過，今天對於伊莉沙白來說，有些不一樣，因為她正在邁向死亡。以前，湯姆斯仍能從她身上看見愛妻的痕迹，他在病房裏的時候，她會突然雙眼盯著他，認出是自己的丈夫，問：「湯姆斯，孩子們呢？」或者說：「湯姆斯，把我的手袋遞過來。」然後，她又突然消失了，消失在自己的胡言亂語或神志不清裏。不過在今天，自從早餐後他進了病房以來，他連一絲愛妻的影子都找不著。她靜靜地躺在牀上，身上蓋著自己親手織的毛毯。她雙眼緊閉，只有手指在顫動。護士告訴湯姆斯，她正處於輕度的昏迷狀態。「陪陪她吧。」護士建議道。他不明白這有甚麼用。

在那漫長的一天裏，湯姆斯有幾次看了看手錶想離開。他坐著看自己的妻子毫無反應的樣子，心如刀割。他在她的耳畔輕聲說愛她。他輕輕撫摸她的臉，那柔軟的皮膚、細細的皺紋，是那麼的熟悉。護士走進來，轉動她的身體，為她擦拭，但她沒有絲毫的反應。時間一分一秒地過去，湯姆斯的心情愈來愈沉重，不僅為妻子要離開而驚惶、傷心，也為自己無法把妻子從陌生的疾病中救活而難過。子女、護士、醫生、牧師分別來過，又都走了，他則一直留守在病房裏。

到了晚上，病房裏只剩下他倆。伊莉沙白的呼吸開始不均勻，每次呼吸後都停得愈來愈久。湯姆斯跪在她牀邊，把她顫抖的雙手緊握在自己手裏，在她耳畔柔聲說：「伊莉沙白，我愛你。」接下來發生的事，就像他後來跟子女說的，是對他為妻子獲得醫治的禱告的直接回應。只見突然之間，伊莉沙白睜開雙眼，直視湯姆斯，眼神流露出她對丈夫那種一貫的愛。她清清楚楚地說道：「門開了！」那是他倆遠在她患病之前共守的信念：通向天堂之門將引導他們從今生進入永生。她說完了這句話，深深地呼吸了兩下，便離去了。湯姆斯把頭埋在她僵直的手裏，淚流如注。

湯姆斯流著淚對子女講述當時發生的醫治：「你們知道嗎？她全是為了我這麼做的。她知道我傷心欲絕，我想她得到平安。她要靠多強的意志才能掙扎著回來跟我說話，讓我知道她還認得我，告訴我天堂之門的存在！這對我來說是多大的安慰啊！」

而在伊莉沙白的角度來看，她又得到了甚麼醫治呢？我們都應該知道，人直到死之前的一刻，仍能聽見聲音，仍能感覺到有人在身邊。湯姆斯溫柔的撫摸、輕柔的話語和在牀邊的陪伴，都是對伊莉沙白的醫治。她瞥見了自己的去路，安息在愛的懷裏。還有誰能經歷到比這更深的平安和醫治呢？

請聽我的禱告

大能的醫治者，請幫助我去醫治別人。請讓願意對我微笑、擁抱我、聽我傾訴的人來包圍我。也許，在我們彼此的分享中，奇妙的醫治之靈將感動我們每個人的心。阿們。

默想時刻

今天，醫治我的人是誰？這個星期呢？這個月呢？

付諸實行

讓我自己用笑容、輕撫、話語來成為醫治者。

36 盼望

梧桐在心中，自有鳳凰來。

——中國諺語

一月的寒冬裏，我踏著厚雪走進花園，往鳥籠裏放些飼料。一陣風鈴聲在耳邊響了起來——原來我去年秋天把風鈴忘在了屋外。那清脆響亮的鈴聲好像在表達對漫漫寒冬的厭煩。我也一樣，迫不及待地盼望著夏天的來臨，因為冬天絕不是我喜歡的季節。我想像著小花園在七月時的情景：搖曳的飛燕草、高高的鼠尾草、芬芳的萬壽菊、天鵝絨般的繡球花，都爭相綻放出簇簇的生機。我對夏天的盼望、對光和熱的盼望，讓我不斷堅持著。我深知季節有定時，夏天遲早會來臨。這就是盼望：對事物的熱切期待。風鈴的影子在暗淡的冬日下擺動著，在提醒著我這個自然規律。在這個信念下，我度過了寒冬裏最陰暗的日子。

盼望是特效藥，可能滋養，甚至延長我們的生命，也能使我們在忐忑不安中向前挺進。盼望是我們就算在逆境中仍然選擇的生活態度。只要盼望的梧桐樹在我們心中生長，那帶著鬥志、順服、平安的鳳凰就會飛來棲身。

盼望的內容是不斷改變的。黛博才三十歲，就患上了一種罕見的乳癌。在與這個頑敵抗戰的初期，她希望能痊癒，於是四處搜集有關這種病的資料，並且遍尋名醫妙方，憑著自己的智慧和力量去迎戰。這給她帶來希望，幫助她忍受各種的苦楚。後來病情惡化，她並沒有失望，因為失望讓人無奈。於是，她點燃新的希望，希望醫生能給她體貼周到的護理，讓她在接下來的日子裏積極地過每一天。她保持著樂觀、堅定、積極的態度，知道這些是延長生命的要素。她參加了支援小組，讓醫生和護士更了解自己的情況。在惡劣的處境中，她堅守著希望，即使自知最終會被病魔奪去性命。

她的病慢慢地擴散，她的盼望也隨之改變。她為自己訂下新的目標，其中一個是為自己的經歷著書，她參加寫作課程，認識新的朋友；另一個目標是跟丈夫和年幼的兒子共度值得回味的時刻；還有一個目標是在住所後院闢一個四季如春的花園。在這幾個月的盼望中，她心中的梧桐吸引了很多鳳凰飛來啼鳴。她並不否認自己的處境，而是在努力地堅守希望。黛博的病情好轉了起來。

但是到了後期，併發症又令她的病情急轉直下，她的盼望也改變了。她希望親友們仍能留守在她身邊，希望自己的病痛得到減緩，病情得到控制。她仍為未來訂下計劃，不過它們漸漸變成是短期而具體的目標。

每一天，她都帶著幽默感，堅定地把絕望拒諸門外，讓能實現的希望來照亮她的生活。

有研究顯示，患者在重病中保持希望是有利無害的。積極樂觀的心情能強化免疫系統，提高病人的表現，甚至可能改善病情。不過，這種觀點實踐起來要謹慎，因為病情的好壞一旦跟病人的意志掛鈎，若病情在病人保持盼望和樂觀的情況下仍然惡化，責任可能仍會推卸在病人身上。事實上，盼望並不是仙丹，而應該看成是一種有效處理疾病的重要因素。心中的盼望可以為我們帶來順服和平安。聖奧古斯丁說：「上帝啊，在祢雙臂的蔽蔭下，讓我們心存盼望。」讓我們在護理人員的擁抱、蔽蔭下，憑著自己內在的能力，找到繼續前進的動力和安慰，點燃照亮生命的希望。

請聽我的禱告

創造萬物的主啊：請幫助我在憂鬱、恐懼、絕望之中，心存盼望。請把平安和喜樂帶給我。請在我支取自己的內在能力、周圍親友的安慰和祢的大能時，讓我得到希望的力量。阿們。

默想時刻

我怎樣能保持盼望？我可以支取哪些資源來堅持心中的盼望？

付諸實行

舉出一件今天可以盼望的事情，並找出能夠幫助我找到盼望的人，叫他們幫助我、鼓勵我。

37
今生之後

今生不是終結；
之後還有續篇，
看不見，像音樂，
但存在，像聲音在耳邊。

——艾米莉·狄金森

比爾身材瘦削，長著濃密的毛髮，喜歡吹上幾口爵士樂的調子。他跟妻子莫恩住在英國西北部的肯度鎮，住所面山而建，後面有個小花園。每天早上，無論雨晴，比爾都穿上及膝的長靴，走在花園裏長滿花枝的土地上。後來當他發現自己染病時，已經是病入膏肓了。在一個春天的清晨，他去世了。

莫恩跟其他痛失至愛的人一樣，痛不欲生。她怒不可遏，悲憤以極。她在家裏頓足狂叫：「你為甚麼撇下我？我們還有很多事要一起幹哪！」她把他的遺物藏在視線範圍以外，藉以減低痛苦：她把他的靴子放在大廳衣櫃的最深處，把他的牙刷和盥洗用品放在浴室櫥櫃的後面。在比爾的葬禮舉行完畢的幾天後，她驚訝地看見沾著泥土的長靴躺在後門旁的墊子上——就好像他剛從小花園裏修剪完花草回來。她整天盯著那雙靴子，等待著，最後，她的怒氣像火山一樣爆發出來：「比爾，你這個壞蛋！怎麼就是不跟我說話？」第二天早上，她看見比爾的牙刷躺在浴室的盥洗盆邊上，那是他平常放牙刷的地方。在隨後的幾天裏，莫恩能聞見他的體味，那是一種強烈的堅果味，跟他的靴子和牙刷一樣熟悉而親切。有一次，她甚至聽見廚房傳來一兩聲口哨聲，揚著爵士樂的調子。

在比爾去世多年以後，莫恩再回想起這些往事，也搞不清楚到底是否真的發生過，但在當時，它們就跟比爾本身一樣，曾經是栩栩如生的。她從來不覺得自己神志不清，也從來沒有覺得害怕。「這些小事證明了比爾就在我身邊，令我得到安慰，幫助我熬過了最可怕的一年。」

來自亞利桑那州的巴巴拉講述了另一個故事，是關於她那個奇怪的夢。在夢裏，已故多年的母親出現在她面前。巴巴拉氣呼呼地質問道：「我找你找了很久啊，你到底去了哪裏？」她回答說：「噢，我一直在忙個不停，但忙得很開心。」巴巴拉又追問了幾個問題，母親回答說，自己在照顧一些早夭而需要看管的小孩。巴巴拉從夢中醒來，深感寬慰。她覺得母親「會是一位能妥善照顧上帝的小兒女的好保母。我喜歡這麼想，因為這使我在想念早逝母親的時候，心裏產生很大的安慰」。

詩歌、書籍、電影、傳奇對死後的生命有著多采多姿的描繪，或詭異，或深刻，或飄渺，而幾乎所有的民族和大部分的宗教都秉守著「來生」的信仰。大家對死後的生命究竟怎樣莫衷一是，而有關的記載既能令人豁然開朗，又能使人困惑不解。

《以馬內利之書》(*Emmanuel's Book*) 的作者羅傑斯特 (Rodegast) 和斯坦頓 (Stanton) 指出：「人在死後不會灰飛煙滅，而是活生生地走過死亡之門，保持著清醒的神志，目的地並非異域，而是一個真實的世界，人在那裏繼續成長⋯⋯死亡只是過道，是一種釋放。」

請聽我的禱告

親愛的上帝，請賜給我平安面對死亡。我想深深地感受到，我的靈魂將繼續活下去，我的來生將比今生更豐盛。請讓我看見，今生的終結並不是永遠的止息，以使我現在能夠積極地堅持下去。阿們。

默想時刻

我把來生想像成甚麼樣子？我會看見哪些人？我將會做些甚麼？

付諸實行

回想一下我或所認識的人瞥見另一個世界的一刻的情形。

38
放手

學習生存之道，就是學會放手。

——索亞爾 · 林頗治 (Sogyal Rinpoche)

我們在活著的時候或在臨死的時候，最牽掛的往往是我們的摯愛，我們總是擔心跟他們分離，擔心自己一旦離開，他們怎麼活下去。有時候，人把死亡看成是失敗，是未完成任務之前的放棄。做母親的可能很擔心自己的傷健兒子在她走後怎樣照顧自己；做丈夫的擔心妻子在他走後怎樣照顧兒女；做子女的看見父母淚流滿面，擔心他們不能面對自己的離逝；身為伴侶的擔心對方沒了自己在身邊，生活會頓失依靠。

納撒尼爾是位德高望重的中學校監，在臨終的日子裏跟心臟病搏鬥。他時而清醒，時而迷糊。有一天，他睜開眼睛，看見妻子諾瑪走過，大聲叫道：「買一輛別克汽車！你一定要把家裏的車賣了，換一輛別克汽車！」他的大叫令妻子不知所措。她傷心地想，他一定是失常了，因為家裏的車子還是半新的。不過，女兒利昂娜卻不這麼認為。父親的電視機總是開著的，最近播的一段廣告在推銷別克牌汽車的最新款式。廣告的畫面是，別克汽車在惡劣的天氣下，馳騁在險峻的彎路上。外面橫枝亂舞，閃電雷鳴，但是坐在別克汽車裏，感覺卻是既安全又寧靜。利昂娜猜，爸爸很想媽媽在自己離開後也有相同的感覺：生活安定，無憂無慮。

雜貨店東主肯尼長了個腦瘤，當他開始為妻子擔心的時候，能開口說話的時間已經所剩無幾了。他的妻子還沒準備好獨立生活，他為此愁得要命。她沒有駕駛執照，也從來沒有過問家裏的帳目，所有重要的決定都靠丈夫做主。沒了他的妥當安排，她面對棘手問題的時候怎麼辦？他在昏迷之中掙扎著，嘴裏咕噥著這些憂慮。

如果我們停止憂慮，放手任由這些不安隨風飄去，結果會怎樣呢？我們能不能停止跟這些控制不了的煩惱糾纏下去呢？如果這些折磨我們的問題自有解決的辦法，即使這些辦法跟我們所想的或所熟悉的辦法南轅北轍，結果又會怎樣呢？如果我們知道，所愛的人需要經歷他們的人生，過他們自己心目中的生活，又會如何呢？在一間醫院的走廊裏，牆上掛著一個牌子，上面寫道：「早安。今天我將全權負責你所有的煩惱。請記住，我不需要你的幫忙。上帝示。」

我們必須說服自己，至愛的親友在我們離開以後，確實需要一段日子適應，但他們是能應付得來的，最後是會沒事的。他們過了適應期後，會成為更堅強的人。納撒尼爾的妻子在他離世一年後，開車時出了一點意外，於是把車賣了，買了一輛別克汽車——如果他知道這件事，會很安慰。此外，她的生活過得很安定，沒有出現過大問題。肯尼也會感到高興，因為妻子學會了開車，並且除了一些小瑕疵之外，把家裏的財政管理得井井有條，而且還能獨立作出重大的決定。

我們不應該為了擔心至愛的人的將來而不願意放手，尤其不應該因此而在昏迷中掙扎，在生命的邊緣徘徊不去。其實，放手的底線不但是趁力所能及的時候做我們所能做的事，也是承認另一個時刻——放手，讓事情順其自然地發展。

請聽我的禱告

親愛的上帝，請讓我不再為控制不了的事情而憂慮。請讓我緊記，祢的視野比我廣，祢的智慧比我高，在我離去後，祢將掌管一切。我將不再為所愛之人的將來、財政、生活等等事情而擔心，因為這一切都交託在祢穩妥的手裏。阿們。

默想時刻

我在擔心些甚麼？

付諸實行

把我的煩惱放下。

39 回家

為甚麼我們總以為，當一個人的意識離開軀體的時候，他的創作力就隨即消失了呢？在人的本我從身體裏釋放出來的一瞬，便有了光，有了平安，有了自由，也有了歸宿。

——帕特．羅傑斯特和朱迪絲．斯坦頓
(Pat Rodegast & Judith Stanton)

我母親雪莉在臨終前的那個星期裏，看了泰德．曼頓(Ted Menten)的著作《溫柔的結局》(*Gentle Closing*)，裏面的一則小故事讓她莞爾。泰德問一羣小朋友，他們認為自己死後會怎樣，他們大都回答說：回天堂。

他問：「你們怎麼去天堂啊？」

溫迪說：「天使會來接我。」

博比說：「我會坐《星空奇遇記》裏的那種宇航船去。」

小莎倫說：「我希望小利是帶我去。」

博比皺起眉頭說：「小利是是條狗啊。」

小莎倫回答說：「我知道。但是小利是總是懂得認路回家。」

母親也很掛念她那條長耳狗米思，所以也很贊同小莎倫的說法。不過，她自己更在意的是「回家」。其中一個原因是，她想跟我父親分享，她在他離開後獨自面對的種種困難和煩惱；另一個原因是，她希望永遠地離開病榻。此外，她也對前面的新旅程充滿好奇。

母親對所剩無幾的日子並沒有抱甚麼幻想，這種開放的態度使她跟護士露絲建立了真摯的友情。露絲身材高佻，精明能幹，懷著一顆沉著而溫柔的心。她對生死看得很透徹，對我母親細加照料，工作效率奇高而又不失體貼和尊重。

一天，露絲在我母親一連串的發問後，說：「雪莉，我很羨慕你能對自己的生命掌握主權。」

一天晚上，我母親對露絲說：「露絲，每當輪到你值班的時候，我心裏就覺得踏實。」

母親在世的最後一天剛巧是露絲放大假前的工作天。露絲把我母親虛弱的身體翻過來，同時迅速地換了牀單。完了以後，她注視著我母親，然後走到牀邊，低頭吻了一下她的臉，說：「雪莉，我很喜歡跟你做朋友。」我母親當天大部分時間都沒有甚麼反應，不過她本身一直是個外向、願意接觸人的人，當時就把手放在露絲的臂彎裏，輕輕地按了一按。

露絲走到窗戶旁邊，窗外夜幕低垂。她微笑著說：「雪莉，今天晚上別關燈了。那些天使喜歡光，就在附近。等你準備好的話，她們就會從窗外飛進來，把你接去。」我母親那天一直面無表情，此刻展露出真誠的微笑。露絲點了點頭，走出病房。

病房裏瀰漫著的平安氣氛幾近神聖，是我以後在世上也再難見到的。似乎一切都就緒了，時間也近了。四周寂靜一片，只剩下母親斷斷續續的呼吸聲。我還記得，在恍惚之中，自己把手放在她肩膀上，輕輕述說對她的感激之情：「媽，到天使那裏去吧。去找爸爸，找外婆，找外公，找所有在等你的人。」我不忍就此放手，在她耳邊輕輕重複著她所喜愛的詩篇二十三篇。在我唸到「我雖然行過死蔭的幽谷」時，她停止了呼吸。

突然之間，整個病房變得空蕩蕩的，像是聚會驟然解散，又像是母親已啟程去展開新的生活。躺在牀上的軀體有些陌生，裏面的靈魂沒有了，令我有些震驚。我突然覺得靈魂原來是那麼的真實、那麼的龐大，當它離開以後，把身體的精髓都帶走了。變化如此之快，令我驚呆住了。那天晚上，我哀傷不起來。我怎能哀傷呢？我深信天使或者父親和其他人——也許甚至是米思——已經來過，把母親帶回家了。

泰戈爾的表達最貼切：「死並不是切掉光源，它只是把燈閉了，因為黎明正在降臨。」從地上的家回到永恆的家也許就是這樣，至少我認為對母親來說就是這樣。

請聽我的禱告

創造光的上帝、充滿愛的主啊，請驅散我牀邊的陰暗。請用帶來平安、自由和歸宿的光，照亮我暗淡的生命。阿們。

默想時刻

我希望誰來引領我回到永恆的家？

付諸實行

點燃一根蠟燭，跟自己說，它的光跟我將來看到的光相比，只是蒼海一粟而已。

40
故事

我叫伊莉沙白，是一艘載滿故事的船。請接納我的故事，並珍視它們。

——唐娜．奧圖爾 (Donna O'Toole)

每個人都喜歡動人的故事，無論在想像之中還是在現實之中，故事都能把不同的人連結在一起。唐娜．奧圖爾是一位講師，擅於講故事。她說，當我們彼此信任得可以把生命的經歷以故事的形式分享出來的時候，我們可以彼此印證、彼此鼓勵。故事能夠教導我們，能夠把真相告訴我們，能夠把不尋常的經歷正常化，能夠把我們互相連結起來，並且能夠讓我們自己的和其他人的回憶得到敬重。

這本書裏的大部分故事都是別人講述的。這些經歷分享出來之後，給我們上了一堂有關生命與死亡的寶貴一課。唐娜．奧圖爾說：「哀傷的作用不在於悼念離別，而在於與別人相連結。」事實上，在憶述這些故事的過程中，都能夠把我們連結在一起。我們經歷失去親友的哀傷時，需要跟別人相連結，因為連結的關係帶給我們安慰和理解。

隨著這本書一頁一頁地翻開，愈來愈多的故事呈現出來。每個講故事的人都知道，他們的故事可能對別人有所幫助，而在敍述的過程中，他們感受到與人相連結的感覺，自己也得到了心靈上的醫治。

你可以想像自己坐在屋裏，身邊圍滿了全神貫注的聽眾。想像一下，你要講述一個對自己別具意義的故事，這個故事可能與你的病情有關，內容是你如何在過去的歲月裏面對疾病；也可能是你與別人一起的遭遇，以及你從中的得著。你是否信得過別人，把自己的故事告訴他呢？想像一下，你現在獲邀請走到一羣講故事的人和聽眾的中央。你靜止不動，閉上雙眼，保持鎮定，然後開始娓娓道來。你的故事將獲得聽眾的接納和珍視。

那件事雖然發生在三十多年前，迪伊想起來仍不免熱淚盈眶。她懷著對父親的回憶講述了她的故事。她從這個故事裏領悟到，人的靈魂是永恆的。她的父親生前患了重病，一直住在醫院裏。一天夜裏，她夢見父親，醒來之後對夢境有些不解。在夢中，他對她說：「迪伊，我很好。一切都很好。」第二天早上，她沒有在意那個夢，直到母親打電話來告訴她，父親已在夜裏去世了。迪伊明白到，父親的靈魂和愛已經超越了人的理性，父親的靈憑著愛的力量和對女兒的保護本能接觸到她。迪伊的故事把我們連結在一起，喚起我們自己面對親友去世時所經歷的感受。

那麼，你的故事又是甚麼？你能找到一個可靠的聆聽者去分享嗎？你也是一艘載滿故事的船，把裏面的故事講出來，既可以醫治你自己，又可以醫治聽故事的人。現在就向別人傾訴你的故事吧，你會感受到隨之而來的安慰。

請聽我的禱告

上帝啊，請幫助我講出自己的故事，請為我準備一位富有愛心、不會妄加論斷的聆聽者來聽我的故事。請幫助我在分享的過程中有清晰的思路和信賴別人的心。請讓這個故事把我們連結在一起，讓我們一起得到醫治、得到敬重。阿們。

默想時刻

誰是跟我最親近而又可靠的聆聽者？有沒有其他人也可以從我的故事中獲益？

付諸實行

從我的船裏卸下至少一個故事，並相信它將得到聽眾的珍視。

參考書目

作者深深感謝下列書籍、文章及影音作品，它們對本書有極大的貢獻。如有徵引之缺失，皆無心之過，定於再次印刷時更正。

毋忘我

Hegi, Ursula. *Stones from the River.* New York: Simon & Schuster, 1994.

榜樣

Edwards, Deanna. *Grieving: The Pain and the Promise.* Salt Lake City: Covenant Communications, 1989; *A Healing Affair of the Heart,* sound cassette, copyright © 1974. Rock Canyon Music Publishers.

Hamblen, Stuan. *This Old House.* Hamblen Music, 1954. 蒙允使用。

傷痕

Nouwen, Henri. "True Friends," *Guideposts* (January 1999).

Pitkin, Dorothy. "The Cold Literal Moments," *The Massachusetts Review, Inc.,* 1973.

Jeffrey, Shirley Holzer. "Louie," *Death: The Final Stage of Growth* by Elisabeth Kübler-Ross. Englewood Cliffs, N.J.: Prentice Hall, 1975.

活盡每一天

Shaw, George Bernard. Lecture, "Art and Public Money," at Brighton, 1907. Copyright © 1977 the Trustees of the British Museum, Governors and Guardians of the National Gallery of Ireland, and the Royal Academy of Dramatic Art.

個性

Keleman, Stanley. *Living Your Dying.* Berkeley: Center Press, 1985.

Conner, Joan. "When Mountains Move," *Loss of the Ground Note: Women Writing About the Loss of their Mothers* by Helen Vozenilek. Los Angeles: Clothespin Fever Press, 1991.

Carmody, John Tully. *God Is No Illusion, Meditations on the End of Life.* Valley Forge, Pa.: Trinity Press International, 1997.

最後的願望

Hammarskjöld, Dag. *Markings.* Boston: GK Hall, 1976.

Beisser, Arnold. "Life, Death and Dignity," *Los Angeles Times.* 8 April 1990, sec. E, pp. 1～2, 10.

Beisser, Arnold R. *A Graceful Passage.* New York: Doubleday, 1990.

Brody, Jane. "Patients Want Their Wishes Heard at Life's End," *St. Paul Pioneer Press.* 20 February 1999.

恐懼

Marshall, Peter. *Refresh My Heart: A Daily Prayer Journal* by Paul C. Brownlow. Fon Worth, Tex.: Brownlow Publishing Company, 1991.

Epstein, Charlotte. *Nursing the Dying Patient: Learning Processes for Interaction.* Reston, Va.: Publishing Co., Inc, 1975.

Howlett, Debbie. "Payton Has Liver Disease: NFL great needs transplant." *USA Today.* 3 February 1999, Sports, sec. 1 C.

自主權

Lomask, Milton. *The Biographer's Craft.* New York: Harper & Row, 1986.

Albom, Mitch. *Tuesdays with Morrie: An Old Man, a Young Man, and Life's Greatest Lesson.* New York: Doubleday, 1997.

孤獨

Goldberg, Natalie. *Wild Mind: Living the Writer's Life.* New York: Bantam Books, 1990.

獨自上路

Kübler-Ross, Elisabeth. The *Wheel of Life: A Memoir of Living and Dying.* New York: Scribner, 1997.

Callanan, Maggie and Patricia Kelley. *Final Gifts: Understanding the Special Awareness, Needs, and Communications of the Dying*. N. Y.: Poseidon Press, 1992.

黑夜

Sondheim, Stephen, and James Lapine. *Into the Woods*. New York: Theatre Communications Group, 1989. 蒙Music Theater Int'l允許使用。

Carmody, John Tully. *God Is No Illusion: Meditations on the End of Life*. Valley Forge, Pa.: Trinity Press International, 1997.

Dickinson, Emily. #419. *Final Harvest, Emily Dickinson's Poems*. Compiled by Thomas H. Johnson. Boston: Little, Brown & Co., 1961.

Karnes, Barbara. *Gone from My Sight: The Dying Experience*. Self-published, 1986.

話語

Karnes, Barbara. *Gone from My Sight: The Dying Experience*. Self-published, 1986.

Hochstadt, Adrienne Reiner. "Cancer Talk Is a Language That's Learned Only through Experience." Reprinted in the *Star llibune from Journal of the American Medical Association* 280, no. 16 (October 28, 1998): 1385.

天使

Palmer, Tobias. *An Angel in My House*. San Francisco: HarperSanFrancisco, 1995.

Browning, Elizabeth Barret. *Auroa Leigh*. VII, Line 820. Oxford University Press, 1993.

為何偏偏是我？

Kazantzakis, Nikos. *The Saviors of God; Spiritual Exercises*, translated by Kimon Friar. New York: Simon & Schuster, 1960.

Dossey, Larry. *Healing Words: The Power of Prayer and the Practice of Medicine*. San Francisco: HarperSanFrancisco, 1993.

憤怒

Ith, Ian, and others. "Breast Cancer: The faces behind the Battle," *Seattle Times*. 13 September 1998, sec. L, pp. 1～3. 蒙允使用。

Make Today Count 的網址 <http://userpages.itis.com/lemoll/index.html>

失望

Clark, Elizabeth, Ph.D. From handout at a Minn. conference for oncology caregivers, April, 1995.

絕望

Hamilton, Robert Browning. "Along the Road," *The Best Loved Poems of the American People*, compiled by Hazel Felleman. Garden City, N.Y.: Doubleday, 1974.

Herhold, Robert. *Learning to Die; Learning to Live*. Philadelphia: Fortress Press, 1976.

Tatelbaum, Judy. *The Courage to Grieve*. New York: Lippincott & Crowell, 1980.

悲傷

Sims, Darcie. "The Grief Process," *The Compassionate Friends Newsletter*. Winter 1988.

幽默

Cohn, Victor. "Releasing the Power of Hope," *Washington Post*. 2 June 1992.

Cousins, Norman. *Anatomy of an Illness as Perceived by the Patient: Reflections on Healing and Regeneration*. New York: Norton, 1979.

Lewis, Young Fio Rito. *Laugh, Clown, Laugh*. Warner Bros. Inc., 1928.

痛苦

Welle, Janice, O.S.F. (n.p., n.d.).

Broyssenko, Joan, Ph.D. *Fire in the Soul: A New Psychology of Spiritual Optimism*. N.Y.: Warner Books, 1991.

Remen, Rachel Naomi. *Kitchen Table Wisdom: Stories That Heal.* New York: Riverhead Books, 1996.

Rabindranath, Tagore. "The Grasp of Your Hand," *The Heart of God: Prayers of Rabindranath Tagore*. Selected and edited by Herbert F. Vetter. Boston: Charles E. Tuttle Co. Inc., 1997.

做好準備

Beattie, Melody. *The Language of Letting Go*. Center City, Minn.: Hazelden, 1990.

Berg, Elizabeth. *Talk Before Sleep*. New York: Random House, 1994.

Noll, Peter. *The Face of Death*. New York: Penguin Books, 1990.

臨終病人的權利

Kairos, 114 Douglass St., San Francisco, Calif. 94114

Dying Persons Bill of Rights. 由一個在密歇根州以"The Terminally III Patient and the Helping Person,"為題的工作坊內提出的，該工作坊由 Southwestern Michigan Inservice Council 主辦，並由 Amelia J. Barbus (Associate Professor of Nursing, Wayne State University, Detroit) 負責。發表於 *Cancer Care Nursing* by Marilee Ivers Donovan and Sandra Erdene Girton. New York: Appleton-Century-Crofts, 1984。

心靈的慰藉

Emerson, Ralph Waldo. *Self-Reliance: The Wisdom of Ralph Waldo Emerson as Inspiration for Daily Living*. Selected by Richard Whelan. New York: Bell Tower, 1991.

Moore, Thomas. *Care of the Soul: A Guide for Cultivating Death and Sacredness* in *Everyday Life*. New York: HarperCollins, 1992.

Williamsen, Joanne. *Lakeview Hospice Newsletter*. Stillwater, Minn., June 1998.

起舞

Kübler-Ross, Elisabeth. *The Wheel of Life*. N.Y.: Scribner, 1997.

Rodegast, Pat and Judith Stanton. *Emmanuel's Book II: The Choice for Love*. N.Y.: Bantam Books, 1989.

寧養中心

Saunders, Dame Cicely in *The Hospice Movement: A Better Way of Caring for the Dying* by Sandol Stoddard. New York: Vintage Books, 1992.

精神

The Bhagavad-Gita (500 B.C.). Sacred Hindu Text, translated by Winthrop Sargeant, State University of New York Press, chapter 2:20, 1984.

回憶

Jones, Rikki Lee, "Life's Little Reminders." Copyright © 1997 Compendium, Inc.

承傳

Jewish Prayer, found in *I Remember You:* A *Grief Journal*. San Francisco: HarperSanFrancisco, 1995.

未了的事

The Mom's Devotional Bible, New International Version. Grand Rapids, Mich.: The Zondervan Corp., 1996. 蒙允使用。

Dunn County Herald, Vol. 84, #50. 22 January 1999. 蒙允使用。

The Dream Foundation的網頁 <http://www.firstcall.org/irisdb/p0000576.htm>

The Make-A-Wish Foundation的網頁 <http://www.makeawish-la.org>

聚會

Maeterlinck, Maurice. *Our Eternity*. New York: Dodd, Mead & Company, 1914.

Trelease, Murray. "Dying Among Alaskan Indians: A Matter of Choice," *Death, The Final Stage of Growth* by Elisabeth Kübler-Ross. Englewood Cliffs, N.J.: Prentice Hall, 1975.

盼望

Cohn, Victor. "Releasing the Power of Hope." *Washington Post*, 2 June 1992.

今生之後

Dickinson, Emily. #500. *Final Harvest, Emily Dickinson's Poems*. Compiled by Thomas H. Johnson. Boston: Little, Brown & Co., 1961.

Rodegast, Pat and Judith Stanton. *Emmanuel's Book:* A *Manuel for Living Comfortably* in *the Cosmos*. New York: Bantam Books, 1985.

放手

Rinpoche, Sogyal. The *Tibetan Book of Living and Dying*. San Francisco: HarperSanFrancisco, 1993.

Beattie, Melody. The *Language of Letting Go*. Center City, Minn.: Hazelden, 1990.

回家

Rodegast, Pat and Judith Stanton. *Emmanuel's Book*: A *Manuel for Living Comfortably* in *the Cosmos*. New York: Bantam Books, 1985.

Menten, Ted. *Gentle Closings: How to Say Goodbye to Someone You Love*. Philadelphia, Pa.: Running Press, 1991.

Tagore, Rabindranath. *Light on Aging and Dying*. Compiled by Helen Nearing. Gardiner, Maine: Tilbury House, 1995.

故事

O'Toole, Donna. See for example, *Aarvy Aardvark Finds Hope*. Burnsville, N.C.: Compassion Publishing, 1988.

讀者意見表

緊扣時代　服事教會

以文字傳揚基督真道

衷心多謝你購買本社書籍。本社一直致力以出版事工服事教會，幫助信徒扎根於神的話語，促進靈命增長。為使我們的出版更能滿足你的需要，請填寫下列各項資料，並寄回或傳真予本社。

所購書籍：____________________

本書最吸引你的地方：

□作者　□適切性　□文筆　□設計　□實用性

□其他：____________________

購買本書地點：

□基道書樓　□基督教書店　□非基督教書店

性別：□男　□女　職業：____________________

信仰：□基督徒　□非基督徒

年齡：□ 16 歲或以下　□ 17～25 歲　□ 26～35 歲

□ 36～55 歲　□ 56 歲或以上

學歷：□中三或以下　□中五　□預科

□大學　□研究院

□我欲更多了解基道出版社的事工及考慮支持，請寄給我下列資料：

□機構簡介　□新書資料　□基道會員通訊

□《基道文字事工通訊》

姓名：____________________電話：____________________

地址：____________________

____

傳真：____________________　電子郵件：____________________

其他意見：____________________

____

多謝賜教！

意見表可以傳真（2687-0281）或直接郵寄以下地址：
香港沙田火炭坳背灣街26號富騰工業中心1011室
基道出版社編輯部收